音楽療法のためのオリジナル曲集

静かな森の大きな木

[編集] 生野里花・二俣 泉

春秋社

まえがき

　音楽家の行なうさまざまな活動のなかでも、音楽療法というものの最大の特徴とは、相手のために音楽をオーダーメイド（あるいはセレクト）するという点でしょう。その人（クライエント）にはどんなニーズがあるのか、どんな能力をもっていてどんな能力はもっていないのか、どんな気持ちを秘めているのか、この先その人がいきいきと生きていくためには、音楽を通して何を表現することが最も必要なのか……。

　音楽療法士はそういったことを頭と心と身体全体を使って感じ取り、自分の持てる音楽能力を最大限に使って最適な音楽を提供しようとします。その方法には、既成の曲の選曲から編曲、オリジナル曲の作曲、そして即興演奏までが含まれ、クライエントはそういった音楽を演奏したり、歌ったり、踊ったり、遊んだり、聞いたり、創ったりして、音楽療法のプロセスを進んでいきます。

　この曲集は、そんな音楽療法士と、主に障害児というクライエントの現場から生まれてきたオリジナル曲の作品集です。各曲の中に、セラピストと子供のいきいきとしたやりとりの背景があり、セラピストが暖かくまた鋭く子供を見つめる目が活かされています。想像だけで創られて、実際に現場で使われたことのない「架空の曲」はひとつもない反面、必ずしも作曲技法的に高度であったり、凝ったものばかりでもありません。音楽療法の現場ではそういったことよりも、シンプルさや目的の明確さ、あるいはコンテクストに合った即興的なライブ感の方が優先され、そこにどのように芸術的な美を活かしていくかが鍵になるのです。1曲1曲の中に、実際にその瞬間を生きた子供たちとセラピストの笑顔や真剣な目が思い浮かび、曲集全体に「人間の魂」が躍動している独自の美が満ちているように思います。

　こういった曲集を出したいという計画が編者の間で生まれ、春秋社の近藤文子さんに相談するに至ったのには、必然的な流れがありました。第1に、音楽療法活動に興味を持ったり実際に始めたりした多くの実践者たちが、現場で役に立つ具体的な曲集を求めていたということです。音楽療法の授業や講習会などで、私たちが普段使っている曲を使ってワークショップをすると、「今の曲の譜がほしい」という声が多く聞かれます。なかには急いで譜を写していかれる方もいます。そこで、みなさんの要望に応える形で楽譜集を出す必要があると考えました。

　ただし、ここには編者なりに付け加えておきたいアドバイスが2つほどあります。それは各曲に作曲者の詳しい解説がつけてある理由でもあるのですが、まず、この曲集をマニュアルテキストブックのように使うのではなく、必ず自分の目の前のクライエントにとって最適な形に翻案してから使っていただきたいこと、つまり歌詞や編曲、伴奏、構成などを自分なりに考えぬいてから使って頂きたいということです。この曲集の作曲者たち自身、相手に応じてさまざまに応用して曲を使っています。もう1つは、この曲集を参考に、是非ご自身でもオリジナル曲

を創っていっていただきたいということです。そんな能力は自分にはない、と尻込みされる方もあるかもしれません。でも、この曲集の作曲者たちも、決して特別な作曲の訓練を受けたり、すらすらと書けたりしている音楽家ばかりではありません。あくまでも等身大で、自分の目の前にいるクライエントに話しかけるように書いた曲ばかりなのです。この「等身大の自分の言葉で話しかける」という姿勢を身につけることは、そのまま音楽療法のエッセンスを身につけることに通じるのではないでしょうか。

　この曲集を創るに至った第2の理由に、編者らがかかわっている現場では、以前から、セラピスト同士がお互いのオリジナル曲を貸し借りし合ったり、参考にしたりして役立ててきたということがあります。しかし、ときにはそれがまた貸しのまた貸しになって、ついには作曲者も知らない所で、まったく知らない人が原曲の意図とは大きく反した形で応用しているなどということも起きていました。現場はいつも忙しいので、多くの曲は耳からとった「伝承」か、走り書きのメモでしか伝わっていなかったからです。そこで、このあたりできちんと原作者のアイデンティティを認め、正式な曲集にしておきたいと考えました。そういうわけで、この曲集で声をかけた人たちは、編者らを含め、現場の中でお互いの個性や能力に敬意を払い合って共に成長してきたごく近しいセラピスト仲間です。そして、この本は、私たちにとって貴重な成長の記録であり、仕事の記録です。

　第3に、日本で音楽療法がさかんになるにつれ、多くの優れた外国の音楽療法曲集が輸入されたり翻訳されたりしてきましたが、日本語による、日本人の息吹きから生まれた曲集が、まとまった形では見られなかったということです。その点、この曲集は、まぎれもなく日本の子供たちのために創られたものなので、そのまま自然に使っていけるだけでなく、外国の曲集とこの曲集とを比べてみれば、何か比較文化的な療法論が発展する可能性さえ秘めていると思います。

　さて、仲間から集ったいろいろな曲を前にして、編者らは、これをどのようにジャンル分けしたらよいか悩みました。結局、目次にあるように、目的や活動内容によって大まかに分けることとなりましたが、究極のところ明確な線引きは不可能でした。「うた」の中にも楽器が重要な役割を果たしている場合やその逆の場合もありますし、1つの曲がさまざまな目的に応用され得る場合もあります。これもみな、この曲集が現場から生まれたものであるゆえんなのですが、そういうわけで、ジャンル分けはあくまで便宜的なものであることを了解していただきたいと思います。

　この曲集が、これから多くの現場でたくさんの笑顔に出会い、そのいのちを何倍にもふくらませていきますことを、そしてこの曲集を使われたみなさんが、第2、第3の曲集を出していってくださいますことを祈り、まえがきとさせて頂きます。

2001年晩夏

生野 里花・二俣 泉

目次　☆　静かな森の大きな木

　　　まえがき（生野里花・二俣泉）

♣ 活動のはじまり

『手をつないでこんにちは』　水野明子（作詞・作曲）・生野里花（編曲）　2
『こんにちは』　臼井裕美子（作詞・作曲）　4
『なにかはじまるよ』　薫ロビンズ（作詞・作曲）　7
『こんにちは、みなさん』　水野明子（作詞・作曲）・生野里花（編曲）　10

♣ 声／歌／ことば

『大きくア』　吉井あづさ（作詞・作曲）　14
『高い声、低い声』　生野里花（作詞・作曲）　16
『？（はてな）の歌』　生野里花（作詞・作曲）　19
『おたずねソング』　水野明子・生野里花（作詞・作曲）　22

♣ 楽器を使って……音積み木を中心に

『順番に鳴らそう』　吉村奈保子（作詞・作曲）　26
『よく聞いてたたこう』　生野里花（作詞・作曲）　28
『2人の音』　臼井裕美子（作詞・作曲）　31
『音のしりとり』　中山晶世（作）　34
『チャイムをならそう』　二俣泉（作詞・作曲）　36
『ふたつの音』　中馬千晶（作詞・作曲）　39

♣ 楽器を使って……トーンチャイムを中心に

『クリモカ・ベル』　臼井裕美子（作曲）　42
『一緒に鳴らそうよ』　小柳玲子（作詞・作曲）　44
『カリヨン』　臼井裕美子（作曲）　46
『Baby's Breath』　鈴木祐仁（作詞・作曲）　51
『Pentas』　鈴木祐仁（作詞・作曲）　53
『かごめ』　日本古謡／加藤美名（原案）／生野里花・水野明子（編曲）　56

♣ 楽器を使って……ラッパ・ホーンなど

『らっぱブギ』　小柳玲子（作詞・作曲）　62
『ラッパを吹こう!!』　中馬千晶（作詞・作曲）　64
『Hyper Blow !!』　鈴木祐仁（作詞・作曲）　67

♣ 楽器を使って……太鼓・シンバルなど

『音楽のおもちつき』　高橋友子（作詞・作曲）　72
『シンバル・マーチ』　高橋友子（作詞・作曲）　75
『○○ちゃんの太鼓』　水野明子（作詞・作曲）・生野里花（編曲）　78
『太鼓をたたこう』　二俣泉（作詞・作曲）　80
『大きな太鼓、小さな太鼓』　水野明子（作詞・作曲）・生野里花（編曲）　82

♣ 楽器を使って……その他

『小鳥のうた』　吉井あづさ（作詞・作曲）　86
『そっと』　薫ロビンズ（作詞・作曲）　88
『静かな音』　千川友子（作詞・作曲）　90
『ピアノの音』　生野里花（作詞・作曲）　92
『スティック・ソング』　二俣泉（作詞・作曲）　95
『みんなで鳴らす楽器の歌』　生野里花（作詞・作曲）　98
『不思議な国の音楽』　水野明子（作詞・作曲）・生野里花（編曲）　101
『Cha Cha Cha』　水野明子・鈴木祐仁（作詞・作曲）　104
『みんな一緒に』　吉井あづさ（作詞・作曲）　106

♣ 身体の触れ合い／動き／発散

『みてごらん』　薫ロビンズ（作詞・作曲）　110
『握手しよう』　中山晶世（作詞・作曲）　112
『手をつなごう』　臼井裕美子（作詞・作曲）　114
『2人で手をたたこう』　中山晶世（作詞・作曲）　116

『手をふろう!!』　中馬千晶（作詞・作曲）　118

『すずの曲』　臼井裕美子（作詞・作曲）　120

『歩こう』　水野明子（作詞・作曲）・生野里花（編曲）　122

『あしジャンケン』　千川友子（作詞・作曲）　124

『投げちゃえポイポイ』　吉村奈保子（作詞・作曲）　126

『あいうえおダンス』　岸加代子（作詞・作曲）　128

『ジェット・コースター』　岸加代子（作詞・作曲）　131

『だれかな？』　水野明子（作詞・作曲）・生野里花（編曲）　134

『アラビアン・ダンス』　二俣泉（作詞・作曲）　136

『静かな森の大きな木』　水野明子(原案)／水野明子・生野里花（作詞・作曲）　138

♣ 遊びながら……

『ハイ！　たべちゃった』　岸加代子・中山晶世（作詞）／岸加代子（作曲）　144

『２つ合わせてみたら……』　千川友子（作詞・作曲）　146

『ぶたさん　ぶうぶう　こんにちは』　臼井裕美子（作詞・作曲）　148

『楽器の音あて』　生野里花（作詞・作曲）　150

『これはなあに』　臼井裕美子（作詞・作曲）　152

『楽器の宅急便』　生野里花（作詞・作曲）　155

『楽器屋さんゲーム』　二俣泉（作）　158

『楽器とりゲーム』　二俣泉（作）　161

♣ 活動の終わりに

『そろそろバイバイ』　薫ロビンズ（作詞・作曲）　165

『さようなら』　生野里花（作詞・作曲）　168

『さよならバイバイ』　水野明子（作詞・作曲）・生野里花（編曲）　170

『さよなら』　臼井裕美子（作詞・作曲）　173

凡例
● 解説および楽譜に記譜されている使用楽器は、「例」としてあげたものですので、それぞれの現場に応じて、臨機応変に楽器を使い分けてください。
● 解説の使用楽器欄では、ピアノ（キーボード）は省略してあります。
●「音積み木」は、メーカーによって、チャイム・バー、サウンド・ブロック、リゾネーター・ベルなど様々な呼称がありますが、本曲集では、統一して「音積み木」の名称を使用しました。
● 本曲集で「らっぱ」として登場するのは、リード・ホーンまたはクワイア・ホーンのことです。いずれの楽器も、銀色のらっぱの形をしていて、歌口の内部にリードが入っていて、吹くと音が出る楽器です。リード・ホーンは、歌口の内部に入れるリードを入れ替えて、らっぱの音の高さを変えることができます。クワイア・ホーンは、25音のセットで販売されており、必要な音のホーンを選んで用いることになります。
● 本曲集で用いられる「ウィンド・チャイム」は、水平に設置された木製の板に、複数の金属製の細いチューブが吊るされている楽器をさしています。「ツリーチャイム」という商品でも知られています。

音楽療法のためのオリジナル曲集
♣
静かな森の大きな木

♣ 活動のはじまり

『手をつないでこんにちは』　　水野明子（作詞・作曲）・生野里花（編曲）

◎曲の成り立ち
　元気いっぱいで部屋に駆け込んでくる子供たちのエネルギーをそのまま受けとって、輪をつなぐパワーにしてしまえる挨拶の歌です。ちょっと恥ずかしがっていたり元気がなかったりした子供も、この歌を歌う間につられてにこにこし始めます。
　明るい調子の中にもどこかビートに重みがあって、子供たちをその場に安定させていく力がある曲です。

◎人数　何人でもできるが、手をつないで輪になってお互いの顔が見える程度がよい。ピアノを弾くセラピストのほかに、輪に加わるセラピストが必要。

◎必要な楽器　特になし

◎活動の目的　・活動の開始を意識する。
　　　　　　　・挨拶をはっきり言う。
　　　　　　　・グループの仲間を意識し、尊重する。

◎留意点
・伴奏はビートを重めに弾いて、リズムの中に子供たちのエネルギーを巻き込んでいく。
・子供が多少ふざけたり力まかせの声を出したりしてもあまりこだわらず、ビートや手の動き（下記参照）の中に受けとっていく。
・子供が全員で歌っているところと、1人で答えるところがあるので、ピアノはよく音量を調整して弾くこと。

◎活動の進めかた
　小さめで、足がしっかり床につく椅子やボックスなどに輪になって座り、手をつなぐ。前奏が始まったらその手を前後に振って歌う。
　後半の挨拶の部分ではセラピストはいったん手を離し、マイク状の物、あるいはマイクを持っているような手の形で子供の名前を呼び、その手を子供に向ける。
　名前を呼ぶ順番はランダムなほうが期待感が高まって楽しい。発展してきたグループの場合には、この役を子供の1人に頼んでもよい。4人分の挨拶がすんだら急いで皆で手をつなぎ直し、前半に戻る。
　子供たちだけでなくその場にいるスタッフ全員の名前を呼んでいくことで、子供たちの意識が拡がる。全員呼んでもメロディが余ったら、「皆さん」「男の子」など、グループ名称で呼んでいってもよい。

手をつないでこんにちは (© 水野明子・生野里花)

活動のはじまり

『こんにちは』　臼井裕美子（作詞・作曲）

◎曲の成り立ち
　グループ活動の始めに、全員で活動の始まりを共有し、参加者がお互いに出会うために、「こんにちは」の曲を歌うことがあります。その時、コミュニケーションのツールとして、歌や手拍子に加え、ハンドドラムやタンバリンが使われることがあります。その場合、対象者が差し出された楽器を叩くことが多いのですが、その叩く時の仕草や音から、嬉しさ、不安、緊張、恥ずかしさ……等など、参加者1人1人の様々な思いが、グループ活動の場に描き出されていくように思います。
　拍にのって調子よく叩ける人たちの中には、差し出されたタンバリンを拍節的に叩いてハイおしまい！　となる人がいます。ある意味では受け身的な、習慣的な活動になってしまいます。でも、そこには何か物足らない感じがあるのです。
　そこで、曲の終わる前に、ちょっと「間」を作り、拍節を離れて自由に叩く部分を入れました。すると、その部分で、いろいろな反応がありました。
　①後半のメロディに続くこのフェルマータを心得て、叩きかたを早める人。強める人。
　②リーダーとピアノが基本拍を離れたのに気付いて叩きかたを変える人。
　③いつも音楽の拍と無関係に小刻みに叩いていたAさん。このフェルマータのところでは、自分の音がちょうどよく聞こえて、あら？　という表情。回を重ねるごとにピアノの音を聴きながら合わせて叩くようになりました。

◎人数　指導者を含めて2人～8人

◎必要な楽器
・歌を歌う目的の場合は、楽器を使わず、身振りや手合わせでもよい。タンバリンを合いの手のように叩いてもよい。
・楽器を介した関わりを目的とした場合は、音の立ち上がりが明確な楽器。叩いた瞬間に音が鳴り、余韻が長過ぎないものがよい。素手で叩くもの（タンバリン、カスタネットなど）、バチが要るもの（タンバー、アゴゴなど）など、メンバーや目的に合わせて用いる。

◎活動の目的
・挨拶。グループ活動の開始をわかり、参加意識を持つ。
・フレーズの切れ目で叩く（接触する）、という規則性に気づき、予測／期待して、楽しく音楽に参加する。

◎留意点
・対象児・者が反応しやすいように、指導者の歌いかけ、動作の、テンポや表情を変化させる。
・身体接触よりも楽器を介したほうが楽な人、楽器を介するよりも身体接触のほうがわかりやすい人など、それぞれの人の状態や目的に合わせて行なう。

◎活動の進めかた

グループの場合

　指導者がグループ全体に対し、「こんにちは、みなさん××」と歌い、××のところで手を叩く。グループ全体で歌う。1人ずつに「こんにちは、みなさん××」の××のところで、手を叩いたり、タンバリンを叩く。また、「みなさん」を1人の名前にして呼びかけ、××ではその人が手拍子や声で応えたり、指導者と手を叩き合わせたりする。

　フェルマータが邪魔になる場合は、次のように変えて歌う。

個人セッションの場合

　向かい合って一緒に歌う。おじぎ、手のひら合わせ、手拍子、足を動かすなど、対象児・者に合わせた動作を適宜行なう。

こんにちは （©臼井裕美子）

楽器を使用する場合は、音の立ち上がりが明確で
余韻が長過ぎないもの（タンバリン）など

楽器は自由に奏する

『なにかはじまるよ』　薫ロビンズ（作詞・作曲）

◎曲の成り立ち
　これは健常児のグループのために書いた曲で、その後、他のグループにも応用していきました。何か楽しいことが待っているという雰囲気を曲にしたいと思ったのがきっかけです。

◎人数　特に制限はなし

◎必要な楽器　特になし。以下に記すようにタンバリン等を使うこともできる。

◎留意点
　子供の入室に合わせたAセクションの部分は、楽しく呼び入れるような感じで。1人ずつの名前を歌って挨拶をするBセクションの部分は、テンポを落として少し落ち着いた雰囲気にし、ハーモニーもリズムも即興でそのつど子供に合わせるようにするとよい。リーダーのセラピストがタンバリン等を持って待っていて、挨拶のところでこれを子供の前に出して持っていてあげると、子供は自分の名前が歌われる中、おもいおもいに自分なりのタンバリンを叩くことになる。ここで小節通りにサッサと次の子供に移ってしまわずに、ちょっとだけ時間をかけてその子から出てくるものを即興の中で拾うようにすると、子供は自分の出した自由表現が音のサポートを得てはね返ってくることを体験し、これから始まる活動の中でも自信をもって自分を出すことにつながる。
　またリーダーは曲の裏拍に合わせて膝打ちをしたり、「なにかはじまるよ」の歌詞のあとのタタタタッタタという合いの手のリズムで足踏みを入れるなどして、「さあ、いろんなリズムや音を出し合おうよ」という積極的な雰囲気を作り出すようにするとよい。
　セラピスト1人でグループに接しなければならない場合にも、工夫次第でいろいろなことができる。毎回順番に子供の中からリーダーをたてるのもよい。

なにかはじまるよ (©薫ロビンス)

『こんにちは、みなさん』　　水野明子（作詞・作曲）・生野里花（編曲）

◎曲の成り立ち
　静かで少しミステリアス……そんな雰囲気を最初の挨拶に導入することで、子供たちの気持ちを深く鎮静したところへ持っていける曲です。歌詞も「こんにちは」に続いて「よろしく」という、相手を大人扱いするものなので、子供たちは自分が信頼されていること、そのように行動するべきであることをなんとなく感じとります。

◎人数　何人でも可能。

◎必要な楽器　場合によってトーンチャイム

◎活動の目的　・活動の始まりを意識する。
　　　　　　　・心を鎮め、自分や仲間、セラピストに注意を向ける。

◎留意点　・柔らかく深い雰囲気で演奏し、歌う。
　　　　　・視線や表情などでも、子供たちの注意を集めるようにする。

◎活動の進めかた
・上記のような雰囲気を作ってから歌い始める。優しい中にもしーんと張り詰めた空気の中に音楽を乗せていくと効果的。
・ピアノの伴奏でもいいが、子供たちにトーンチャイムを持ってもらって、それを指揮しながら歌ってもよい。トーンチャイムはC majorのコードとB♭ majorのコードの2グループにし、人数に合わせて適宜合う音を持ってもらう。1小節に1拍の感じで長く音の響きを楽しめるような指揮をすると雰囲気が出る。

こんにちは、みなさん （©水野明子・生野里花）

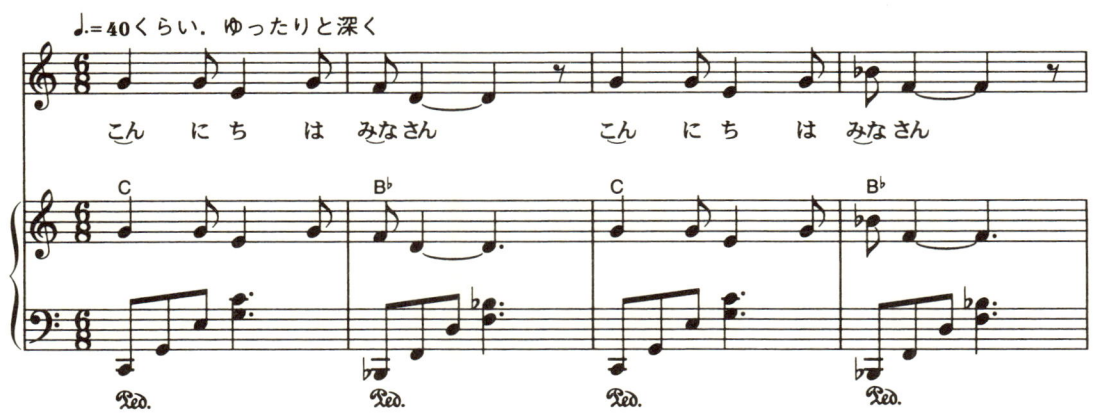

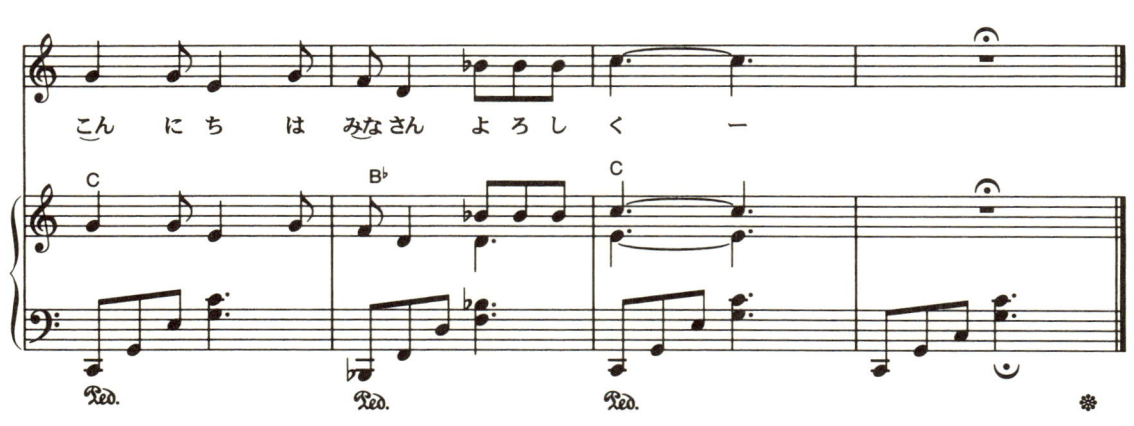

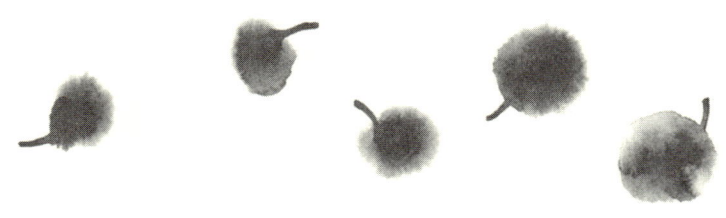

活動のはじまり

♣ 声／歌／ことば

『大きくア』　吉井あづさ（作詞・作曲）

◎曲の成り立ち
　この曲は成人施設の音楽グループ活動のために作りました。歌の好きな人が多いため、メンバーのよく知っている童謡やフォークソングなどを使っていましたが、メンバーの中には「ア」とか「オ」しか発声できない人もいました。そのようなメンバーはいつも聞き役で、私自身いつも物足りなさを感じていました。そこで「ア」だけで大きな声で思いっきり歌えて満足できる曲を作ることを考えました。この曲の導入後、メンバーからは自発的に『大きなア』が歌いたいという声も出てきました。

◎人数　4～5人から大勢のグループ。

◎必要な楽器　特になし

◎活動の目的
・歌詞の1番：大きな声で発散する。
　　　　　　　大きい、小さいのニュアンスの違いを表現し体験する。
　　　　　　　優しく、厳しく、楽しく、寂しくなどの言葉を入れ替えて、もっと複雑なニュアンスを表現し体験する。
・歌詞の2番：主役を体験する。

◎留意点
　2番ではマイクがあると声が出しやすい。特に声が小さかったり出にくい対象者の場合にはよく声がひろえる。

◎活動の進めかた
・「ア」だけでなく対象者の出しやすい発声で歌う。
・いろいろな発声ができる場合は「ア」のほかにも、「フー」「ドン」「ゲ」「ワン」「ピー」などで歌うことも楽しさを演出できる。

大きくア (©吉井あづさ)

声／歌／ことば

『高い声、低い声』　生野里花（作詞・作曲）

◎曲の成り立ち
　軽度発達遅滞の小学生のグループのために書きました。障害が軽度のため通常級に通っている子供が多く、それゆえに自分の障害へのコンプレックスや自信のなさも感じている子供たちでした。その気持ちは身体の固さや声の固さに表れ、「歌おう」と誘っても、背を丸くして緊張し、床に目を落としていたり、喉に力の入った息のつまったような声を短くしか出せない子供もいました。音域も狭く、自分の感情も声も小さな箱の中に入れてしまっているように見えました。一方で、障害ゆえに、歌の歌詞が難しいとそれだけで頭と心がいっぱいになってしまい、歌を楽しむところまでいかない傾向もありました。
　そこで、身体をほぐしつつ、自分の中のいろいろな声を遊びながら模索していくために作ったのがこの歌です。「声」というのは、自分がいちばん裸で出てしまう媒体です。それを怖がらせずに、逆に自分を開いていくための手段として使っていくため、なるべく単純な歌詞、構成を心がけ、また気持ちがやわらぐような明るくて優しい音楽にしたいと思いました。後にも述べるように、大人や学生の方とも楽しめる活動になりました。

◎人数
　1人から大合唱まで、何人でも可能。セラピストは、ピアノを弾く人とクライエントに向き合う人の2人がいたほうがやりやすい。

◎必要な楽器
　特になし

◎活動の目的
・声を出すことへの抵抗感を低くし、楽しむ。
・自分の声域に気づき、拡げる。
・上半身の力を抜いて、おなかからの呼吸に乗せて楽に声を出す。
・高さ、長さ、音（破裂音、母音など）を調整しながら発声する。

◎留意点
・正確な音程に合わなくてもあまりこだわらず、その子供なりの声の発展を大切にすること。
・セラピスト自身の発声を楽にして、相手の自然な呼吸を引き出すこと。
・必要な場合には、事前や歌の最中に適宜身体を動かすこと。

◎活動の進めかた
　セラピストがまず歌ってみせ、次第に2、4、6、8小節目の2分音符を一緒に歌うように誘う。
　声を出すことに慣れてきたら、☆部分のより長いヴォカリーズに移る。最初は「ア」で、その後、違う母音や子音を取り入れていってもよい。ピアノはこのコード進行を基本に、即興的に編曲していく。下音域ではベースの位置や伴奏型を工夫し、上音域ではさまざまなメロディのヴァリエーションを入れ、クライエントの声を中心に据えて共感的な音楽の世界を創り出す。

声と身体を結びつける工夫として
　喉のつまった短い強い声でなく、上半身の力の抜けた長い柔らかい声を出すため、手のしぐさをつけるのも効果的。例えば、高い声の時には顔の前で(何かをつまんでいるように)人指し指と親指を合わせた両手を左右へゆっくり開いていくしぐさ、低い声の時には両掌を下に向けて胸の前から床へ向けて降ろしていく、など。いずれも上半身の姿勢を崩さないように注意しながら行なう。

　☆部分のためのオプションの3部合唱について
　自分の声に自信を持ち、人の声も聞きながら出せるようになったら、下記のオプションの譜を使い、3部合唱を試みてもよい。1声部ずつ確認しながら重ねていく。(実際には私の担当していた障害児のグループではこのオプションは難しすぎた。音楽療法の学生のグループと行なった時に、自分の声を楽しみお互いを聞き合うという目的に効果的に使えた。)

☆部分のオプション（3部合唱）

高い声、低い声 (© 生野里花)

☆セラピストが提示するさまざまなヴォカリーズのパターンを、クライアントが模倣する。
　慣れてきたら、倍の長さの、より複雑なパターンにしてもよい。

『？(はてな)の歌』　生野里花（作詞・作曲）

◎**曲の成り立ち**
　この活動は、歌の作詞活動の最もシンプルな形です。もともとは、言葉を操ることがそんなに得意ではない中度発達遅滞の子供たちに、自分が本当に言いたい言葉を1語でもいいから自信を持って歌ってもらいたいという発想で作りました。自分の言葉を皆が歌ってくれるという楽しさ、次の言葉は何にしようというスリルが活動を盛り上げました。
　その後、注意欠陥や多動の傾向のある子供たちのグループでも、自己表現の注意力を持続するために効果的に使えました。
　いずれの場合も、ブルースコードによるノリのいい曲の構造が子供の心をリラックスさせること、また親密な小さな輪で楽器を囲んでできることが鍵でした。

◎**人数**　何人でもできるが、なるべく全員に発言する番が回ってくる人数が好ましい。

◎**必要な楽器と道具**
・オムニコード（ギターなどでもできるが、リズムを強調する演奏法で）
・言葉を書き込むための、小さなボードなど

◎**活動の目的**
・その子供の言った言葉を歌のキーワードとして歌うことで、自信をもって自己表現させる。
・大きな声を思いきって出す。
・キーワードを皆で歌うことで、友だちに関心を持ち、さらにそれに関連づけながら次の言葉を考えるなど、社会性を育てる。

◎**留意点**
・歌う言葉を明確にするためにも、次の子供が言葉を考えるためにも、ボードなどにそのキーワードを書くとよい。ただし、注意力を集めておくためには、子供たちが座った目の高さのごく近いところに書いたほうがよい（教室の黒板などではなく、手もとのミニボードなど）。
・言葉を考えることは楽しい、それを大きな声で表現することも楽しい、という雰囲気を作ること（たとえ下ネタが出てきても、大まじめに受けとるなどの態度で）。
・オムニコードは電子楽器のため、スイッチなどで子供の注意が散るもとになりやすい。この楽器はセラピストだけが担当する約束をする、あるいは順番に担当するルールを作るなど、構造を明確にすること。

◎**活動の進めかた**
　まず、「はてなの歌だよ」の歌詞で全体を歌う。次に最初の子供に1つ好きな言葉を言ってもらい、それをボードに書いて歌う。歌詞を繰り返すところ（9〜10小節目）では、マイクに見立てたもの、あるいはマイクを持った形の手を言葉の提案者の子供に向け、大きな声でソロを歌ってもらう。
　次の子供は、ランダムに好きな言葉を言ってもいいし、その子供のニーズや能力によっ

て、「しりとりにして」「なにか関係あるものを言って（○○と言えば？）」「最後の文字が同じ言葉で」などの条件をつけることもできる。いずれにしても、考えている間もオムニコードのリズムを持続し、追いつめないようにしながら思考を励ます。
　5〜6小節目はその言葉につける形容詞句にするなど発展させることもできる。

　さらにひと工夫して……
・「○○○の歌だよ」のあとの休符2拍で、その言葉にちなんだ擬音語を入れても調子が出る（例えば、「洗濯の歌だよ、ジャブジャブ！」など）。
・全員の言葉を取り入れながら何サイクルか歌ったあと、同じメロディで、ボードに並んだ言葉を逆から順に「○○○と言えば△△△の歌だよ、△△△と言えば□□□の歌だよ」などと歌っておさらいしていくのも楽しい。逆からたどるというのは、「巻き戻し」のようなナンセンス感と、自分たちが今してきたことを振り返るという面白さがあり、注意欠陥の子供たちも、いたずら感覚で非常に楽しそうに注意が持続できていた。

？（はてな）の歌 (© 生野里花)

『おたずねソング』　　水野明子・生野里花（作詞・作曲）

◎曲の成り立ち
　軽度発達遅滞の小学生たちのグループで、「目の前にない物を頭の中で想像して言葉にする」という思考過程を促すために作りました。皆とても元気がよく、言葉もさかんに使っていましたが、その時目の前にあることに限って1～2語の短い言葉で言っていることが多く、過去のことやこの場所以外でのことなどになると、途端に言葉が使いにくくなることに気づいたためです。
　苦手なことが課題になっているので、曲想はなるべくユーモラスに、構造を繰り返しの多いシンプルなものにし、わくわくしながら思考を進めていけるよう工夫しました。

◎人数　何人でもできるが、できれば全員に答える番が回ってくる程度の人数がよい。

◎必要な道具　場合によって、机、紙、クレヨンなど

◎活動の目的
・短期記憶（最高で4つの条件）を高める。
・条件（最高で4つ）を組み合わせ、目の前にないものを想像する認知力を高める。
・想像した物を言葉にする言語力を高める。

◎留意点
・その子供の得意そうな分野の出題をする（食いしん坊の子供にはキッチン関係、サッカーの好きな子供にはサッカー関係など）。
・その子供のつまずいているところがどこか、例えば、興奮して問題自体を聞くことができていない、4つの条件全部は覚えていることができない、4つの条件を統合することができない、大体わかっているが言葉が出ない、失敗を恐れて答えが言えない、などをよく見きわめてヒントを出したり援助したりすること（条件を2つか3つに減らして繰り返して歌う、ジェスチャーをつける、頭文字を言うなど）。
・普段は同じようにお喋りしていても、こういう問題になると、子供によってすぐわかる子供となかなかわからない子供があるので、1人1人が自分のペースで答えられるよう、グループ全体で応援できる雰囲気を作る工夫をすること（下記参照）。

◎活動の進めかた
　1人の子供をピアノのところに呼び、「解答者の椅子」に座ってもらう。ピアノを弾いているセラピストと出題するセラピストが子供をはさむように座り、課題にしっかり集中する準備ができた上で、曲に入る。
　出題するセラピストが子供の目を見ながらはっきりと歌いかけ、ピアノを弾いているセラピスト（と他児）は出題セラピストの言葉を1回1回繰り返して歌って確認する。
　正解が出たら、ピアノで「ピンポンピンポン」の擬音を盛大に弾く。

　待っている他児に対して――もう1人のセラピストがついて、考えついたものを内緒声で聞いてあげてもよいし、机に用意した紙とクレヨンなどで、各々絵か字でかいていてもよい。

おたずねソング （©水野明子・生野里花）

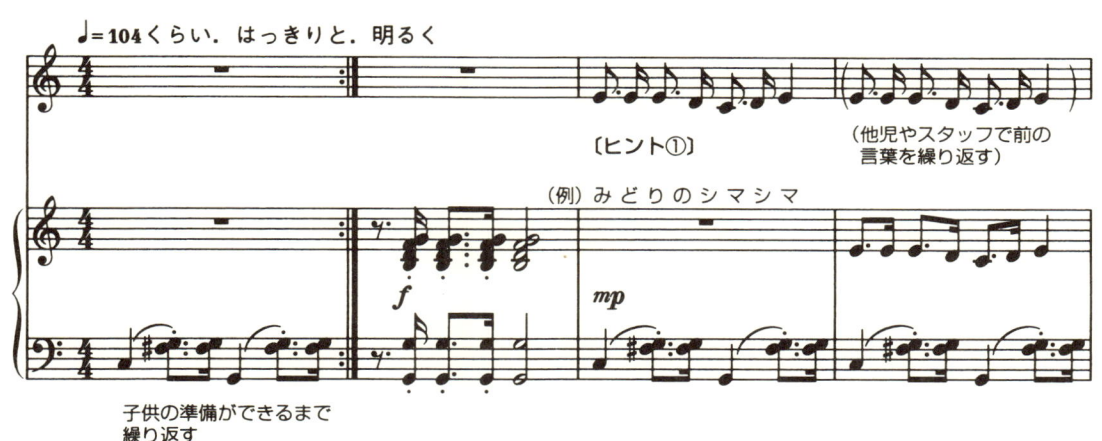

子供の準備ができるまで
繰り返す

♣ 楽器を使って……音積み木を中心に

『順番に鳴らそう』　　吉村奈保子（作詞・作曲）

◎曲の成り立ち

　重度の知的障害のため表出言語もなく、言葉によるコミュニケーションが取りにくい、5人の小学校低学年の子供たちを担当した時に作った曲です。そのグループは自閉傾向のある子供たちが中心で、対人関係の問題を抱えており、言語による指示理解や感情のコントロールが困難でした。しかし、リズムやメロディ、音程に対する反応はとても敏感で、しかも音楽的なセンスが輝いていたのです。なかでも2人の男児は、セラピストが歌うテーマ曲をすぐその場で同じ音程で歌うことができました。

　楽器活動を通してセラピストやグループのメンバーと関わりをもつこと、「落ち着いた(calm)」情動体験をさせることが感情のコントロールにつながる、と考えてこの活動を作りました。彼らはすぐにこの曲のゆったりとした雰囲気を感じとって、響きのある音積み木の音色と音程の違い耳を傾けながら、順番に鳴らすことができたのです。

　「ていねいに、静かに、ゆっくり」という言葉の指示は全く必要ではありませんでした。

◎人数　　2人の場合は1人が音積み木（チャイム・バー）2個を持つ。

◎必要な楽器と道具　　4つの音積み木（c^1、e^1、g^1、d^2）とマレット1本

◎活動の目的
・「静かに、ていねいに、ゆっくりと、やさしく」という動きの表現を、楽器の演奏を通して身につけていく。
・順番制の理解。
・グループメンバーを意識する。
・音色の響きや音程の違いに耳を傾ける（集中力を高める）。

◎留意点
・機能的に1人で音積み木を持ち続けることや、叩く役割の人に向かって差し出すことが困難な対象児・者の場合は介助が必要。
・音積み木に焦点を合わせて叩くことが困難な場合は、横長方向に差し出すか、背後から腕を介助する。
・音積み木の音をきれいに響かせるためには、手首の振り（アタック）が必要である。
・音積み木を1打ずつ叩いていく活動ではあるが、連打しがちになってしまうので、セラピストがモデリングを行なうと効果的である。

◎活動の進めかた

　①（セラピストから向かって）左の対象児・者から、c^1、e^1、g^1、d^2の音積み木を1個ずつ持つ。2人の場合は、1人が右手にc^1、左手にe^1、もう1人も右手にg^1、左手にd^2と2個ずつ順番に持つ。

　②叩く役割の人がテーマ曲に合わせて、順番に1個ずつ叩いていく。

　③対象児・者がテンポや流れを理解したら、なるべく早く音積み木の箇所は無音状態（歌はなし、ピアノは*pp*でハーモニーだけ）にする。

④音積み木を持つ役割から、叩いて回る役割へと、音楽（曲）が繰り返されていく中で、すみやかに交替していくように援助する。

この活動の場合「順番制」とは、人の交替と音積み木を順番に鳴らしていくことの両方を意味している。言葉かけよりも、音楽の中でそれを体験するほうが理解しやすい。

順番にならそう （© 吉村奈保子）

『よく聞いてたたこう』　　生野里花（作詞・作曲）

◎曲の成り立ち
　軽度から中度発達遅滞の非常に元気のいいグループで、日常生活ではじっくり耳を傾けたり、集中力の緊張を持続させることがあまりない子供たちのために作りました。
　最初は太鼓でリズム模倣、次第に音積み木の3音（c^1、g^1、c^2）の音程模倣で行ないました。一見聴音の訓練のようですが、特に音楽的能力を伸ばそうという意図はありません。それよりも「目に入るものに惑わされず、耳を傾けることで集中する」ことが重要でした。
　ただでさえ緊張することが苦手な子供たちなので、曲は面白くミステリアスなコードを使い、また、じっくり集中した後には開放的に音を出せる部分を入れるようにしました。

◎人数　何人でもできるが、全員に順番が回ってくる人数がよい。また、集中して取り組んでいるお互いをじっくり聴き合えるくらいの人数がよい。

◎必要な楽器　・太鼓（できれば足付きのもの：和太鼓、スネアドラム、フロアータムなど）
　　　　　　・音積み木（c^1、g^1、c^2）

◎活動の目的　・視覚に入るものに惑わされず、集中して耳を傾ける。
　　　　　　・模倣する。
　　　　　　・集中して取り組んでいる仲間を尊重する。

◎留意点
・ざわざわさせず、集中できるような雰囲気を作ってから始めること。
・1人の番が終わったあとは、後奏を思いきり開放的にしたり、拍手や言葉のコメントでほめたりして、緊張を解くこと。

◎活動の進めかた
　太鼓を使う場合はリズム模倣、音積み木を使う場合は3つの音程の順番の模倣が課題となる。進めかたは、どちらも共通して、以下の通り。
　1人の子供の前に太鼓か音積み木を置いて、前奏を弾く。子供は楽器を自由に叩く。この部分で心の準備をしていくので、子供の様子を見ながら前奏を延長したりして、集中できるのを待つ。Aでは「大きく」「静かに」など歌詞が指示しているように叩く。
　Bの模倣の部分に入ったらピアニストが「出題」していくが、そのリズムや音程の複雑さは、その子供の能力やその時の調子に合わせ、集中すれば達成できる程度のものを随時出していく。何度か繰り返してやるが、緊張が限界に達したら繰り返しをやめて、自由に叩けるA'の部分に進んでいく。それによってまた集中できるようであれば、Bの模倣に戻るなど、子供の様子を見ながら進めていく。

よく聞いてたたこう （Ⓒ生野里花）

太鼓あるいは音積み木

♩=92くらい．行進曲風にきっちりと

太鼓あるいは音積み木（自由にたたいてよい）

A　太鼓あるいは音積み木（指示に耳を傾けながらたたく）

よくきいて たたこう
おおきく たたこう ／しっかり＼
しずかに
いち、にい、さん、し
いち、にい、さん、し
さあどんな おとだ

B　太鼓あるいは音積み木
C、G、Cのいずれかを、太鼓の場合は さまざまなリズムで弾き（リズム模倣）、
音積み木の場合はさまざまな音程の順番で弾く（音程模倣）。

模倣

楽器を使って　29

A' 太鼓・音積み木は指示に従うたたきかたに戻る

よくきいてたたこう　しっかりたたこう

ピアノのアド・リブと共に自由にテンポを
延ばし、最後の1拍を示し合わせてキメる。

いち、にい、さん、し　いち、にい、さん、し

rit.

ad. lib.

音積み木を中心に

『2人の音』　臼井裕美子（作詞・作曲）

◎曲の成り立ち
　名前を呼びかけられること、それに応えて音を出すことは、とても嬉しいことのような気がします。それは、「かけがえのない、他でもないあなたが、今、この瞬間に音を鳴らして下さい」という期待が込められているからだと思います。児童のグループ、幼児個人、成人グループで、楽しさ、仲間づくり、達成感……などが、この曲の願いです。

◎人数　1人と指導者、または2人、または4人

◎必要な楽器
・音を出した瞬間に、はっきりした音が出るものなら何でもよい。
・音積み木を使用した場合、同じ形のものを並べられるので、「大きいの」「小さいの」という大小の概念を体験できる。

◎活動の目的
・曲の中の呼びかけに応じて、自分が音を出すタイミングをわかって（待って）鳴らす。
・自分の役割を果たし、仲間の様子も了解しながら、一緒に演奏を完成させる。
・「～の」という所有格の理解と使用。または、大小の概念、数の概念の理解と使用。
・「今度は」という場面の切り替えの体験（理解と使用）。
・「一緒」で〈同時〉の、「順番」で〈交互〉の体験（理解、使用）。

◎活動の進めかた

1）幼児の個人セッションにおける使用例
・子供（対象者）が楽器をどう扱うのかを観察し、その興味と理解に合わせたところで時間をかけて遊ぶ。例えば、はじめは「○○ちゃんの」「先生の」と1つずつ持ち、所有や領域を確認する遊びのようにして、子供が意味をつかめてから曲を導入する。
・「こっちは○○ちゃんの、こっちは先生の」と確認しながら（子供が選んでもよい）音積み木とバチを1組ずつ持つ。良い音で鳴らせるように遊びながら何度も練習する。
・「○○ちゃんの音　×」の「×」で子供あるいは大人が叩く。「先生の音」では、ⓐ指導者が叩く、ⓑ指導者はバチを持たず、指導者の楽器を子供に差し出して子供が1人で叩く、ⓒ2つ並べておいて子供が叩く、などの方法がある。
・「今度は大きいの　×」「今度は小さいの　×」と、大小の概念の課題にもできる。
・「今度は一緒」のところは、数の課題にすることもできる。例えば、「今度は2つ　××」、「今度は3つ　×××」のように、歌詞に応じて鳴らす。数に対応したシールを貼ったカードを使用してもよい。「順番に」のところは省略し、「上手にできました」（下の譜例）と歌って終わる。大人と子供が交替してもよい。

じょうずにできました

2）サイン、または言語指示に従える人の場合
- 2人で違う音を持ち、できればリーダーと歌いながらサインに従って鳴らす。
- 子供（対象者）同士が、お互いの名前を歌って鳴らすこともできる。
- 各人違う音を持ち、4人でもできる。

◎留意点
- 歌を導入する前に、楽器を良い音で自信を持って鳴らせるようになっていること。
- 課題の言葉の意味がイメージできるように、準備の遊びを行なっておく。
- 各人の音が違う音になるように持つ。音高のはっきりしている楽器の場合、メロディの一部としてちょうど良い音を選ぶ。

2人の音 (©臼井裕美子)

☆部分の即興の例（楽器は自由に鳴らす）

数回繰り返して次へ

楽器を使って

『音のしりとり』　中山晶世（作）

◎曲の成り立ち

　この案は、小学校中学年の男の子３人を対象としたグループ・セッションのために考えました。じっとしていられずしかも攻撃的な子や、精神的にデリケートでダメージを受けやすい子など、抱えている問題がさまざまだったため、セッションを始めた当初は、３人が共通して興味を持つものを探すのが難しい状況でした。しかし、セッションを行なっていくにつれて、彼らが豊かな想像力を持っていることがわかってきました。

　そこで、考えたのがこの『音のしりとり』です。１人１人の持っているリズム感や音楽性を生かしながら構造的な枠の中でまとまりのある音楽を作っていくこの方法は、想像していたより３人を１つの方向にまとめることができました。

　また、使用した音積み木は、音量的に強すぎたり弱すぎたりすることがなかったため、精神的にも安定できましたし、やりたくなる気持ちも高めたようです。

　この活動によって子供たちは、自信を持って自分を表現したり、隣の人のリズムを真剣に聴く姿勢が見られるようになりました。そして、自分の考えたリズムが他の人のいろいろな音によって発展し、音楽ができていくのを聴くのも楽しみだったようです。

◎人数　何人でも可能。しかし、集中力の持続を考えると５、６人が最適

◎必要な楽器　音積み木

◎活動の目的
・集中して人のリズムを模倣することを経験する。
・１人１人がリーダーとなってリズム・パターンを考え表現したり、最後に音を止めるなど決断力を養い、自信を持つことを経験をする。

◎留意点
・模倣することが課題となるが、模倣を完全にするというより、リズムの中の一員として参加し、それによって１つの音楽ができたことをお互いに喜べることを大事にしたい。
・音積み木は、調性感がないほうが想像力をふくらませることができるので、派生音のみを使用するとよい。

◎活動の進めかた
　①円座またはテーブルを囲んで座る。
　②テーブルの上に人数より少し多い本数の音積み木を置いておく。「１、２の３」で各自好きな音積み木を取る。
　③１人がリーダーとなり、リズムを考える。どちらのほうに回るか方向を決める。
　④リーダーが自分で決めたリズムを音積み木で鳴らす。
　⑤リーダーの隣から順にそのリズムを模倣していく。
　⑥最後の人まで模倣したら、全員で自由に鳴らす。リーダーの止める合図で終わる。
　⑦ ②に戻る。リーダーを替える。１回ごとに音積み木の音を変えると飽きが来ず、むしろ興味が高まる。

（例）

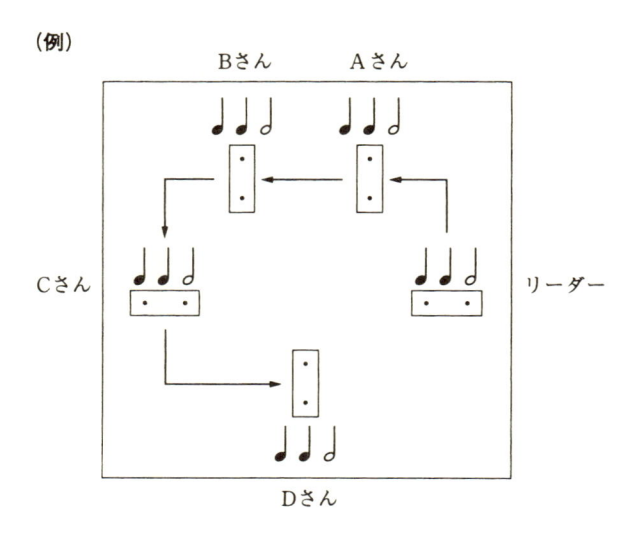

Bさん　Aさん

Cさん　　　　　　　　　　リーダー

Dさん

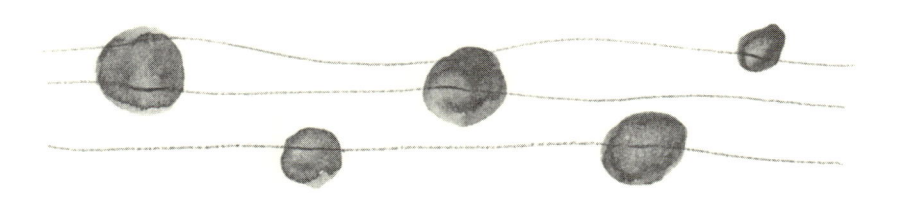

楽器を使って

『チャイムをならそう』　　二俣泉（作詞・作曲）

◎曲の成り立ち
　この曲は、小学校低学年の男の子3人を対象としたグループ・セッションのために作られました。その男の手3人とも、動き回ってしまいがちな子供たちだったこともあり、セッションを始めた当初は、落ち着いて課題に取り組んだり、協力しあって活動したりすることが離しい状況でした。
　そこで、この曲を考え、セッションに導入しました。この曲は、フレーズの一瞬の切れ目の部分でチャイム（音積み木）を鳴らす、という構造になっています。この曲を導入すると、子供たちは、私とチャイムに注意を向け、慎重に音楽を聴き、しかるべき所でチャイムを鳴らそうと、私のそばに集まって座り、タイミングを待ち構える様子が見られるようになっていきました。

◎人数　　基本的には2人。グループ・セッションの場合は、交替で行なうことも可能。
　　　　　個人セッションの場合、1人で音積み木とシンバルを弾き分ける。

◎必要な楽器　・音積み木（チャイム・バー）とスタンドに設置したシンバル

◎活動の目的　・目で音積み木を見て、そこを目指して手を使うことを経験する。
　　　　　　　・ピアノの演奏を聴き、タイミングを合わせて演奏する。
　　　　　　　・ルール性のある活動を経験する。

◎留意点
・曲の持つ課題の達成にこだわるより、楽しいやりとりの雰囲気を保つことに主眼を置く。
・曲の構成も、対象者の状態に合わせて臨機応変に変化させるのが良い。

◎活動の進めかた

1）対象児・者が1人もしくは2人の場合
　対象児・者が音積み木をうまく演奏できなかった場合は、以下の手順でプロンプトの導入と撤去を行なうと良い。
　①療法士が音積み木を手に持っていて、打たれるべきポイントの一瞬前に対象者の前に差し出す。
　②対象者の目の前に楽器を置いておき、打つポイント以外の時には援助者がそれらの楽器の上を手で覆っておく。打たれるべきポイントの一瞬前でその手をはずす。
　③打つべき箇所で指さしをする。
　④「はいっ」という声かけをする。
　⑤最後は援助なし。

2）多くの人数の対象児・者が同時に演奏する場合
　グループ・セッションのメンバー全員で行なう場合、各対象児・者にマレットを渡しておき、療法士が音積み木（またはシンバル）を持って、打つべきポイントの一瞬前に差し

出しながら、一人一人に参加を促す、という形で行なうこともできる。同じ要領で、タンバーやタンバリンを使うこともできる。タンバリンならば、マレットやスティックは必要ないかもしれない。

チャイムをならそう (©二俣泉)

↓＝チャイム・バー（音積み木）
◇＝シンバル

38 音積み木を中心に

『ふたつの音』　中馬千晶（作詞・作曲）

◎曲の成り立ち
　各自が1つの楽器を受け持つ合奏ができる段階ではない、小学校中学年4人のグループのために作りました。目の前に差し出されたタンバリンやタンバーを打つといった活動が主だったので、そろそろ違う音質の楽器や雰囲気を導入する必要がありました。

◎人数　2人組、あるいは4人組。独奏も可能

◎楽器　・音積み木（＝チャイム・バー　g^1とg^2、c^2とc^3）
　　　　・小シンバルあるいは小さいドラ

◎活動の目的
・セラピストの多大な楽器コントロールの援助によって、ルールのある楽器活動を経験する。
・セラピストの差し出す楽器を、音楽をよく聴いて、優しく静かな雰囲気を壊さずにタイミングよく鳴らす。

◎留意点
・楽器を差し出すタイミングをより効果的にすると同時に、この曲のもつ優しい雰囲気が損なわれるような鳴らしかたを誘わないようにする。
・参加者のレベルに合わせて楽器の提示のしかたやパートの分担について選択する。

◎活動の進めかた
・このグループで行なった基本のパート分担は、最初の4小節をA児—g^1、B児—g^2、次の4小節をC児—g^1、D児—g^2が鳴らし、シンバルは1音ずつ順に鳴らすように設定した。
・1人が2つのg音を4小節分受け持ってもよい。
・音積み木担当の組とシンバル担当の組に分けることもできる。

ふたつの音 (ⓒ中馬千晶)

♣ 楽器を使って……トーンチャイムを中心に

『クリモカ・ベル』　臼井裕美子（作曲）

◎曲の成り立ち
　私が障害を持つ子供たちとの音楽活動に参加し始めた頃、そこで使われている音楽がとても美しいことに強く惹かれました。それらは、音楽療法の先輩たちによって作られたりアレンジされたりしたものでした。とりわけ、楽器活動の曲は、どれも素敵な雰囲気があって、子供がどんなタイミングでどのように鳴らしても、本当にきれいに聞こえました。
　自分でもそんな曲が作ってみたくて、初めて作ったのがこの曲です。心がけたことは、曲の全体が A B A の構造を持っていること、A の部分はトーンチャイムやベルのためのパートで、どこで鳴らしても音が合うような和声にすること、B の部分はツリーチャイムのパートにすること、の3つです。
　作曲した時点では、特に活動の対象を想定していませんでしたが、児童、成人、高齢者と様々な年齢のグループで、それぞれに良い雰囲気で演奏していただくことができました。
　この曲の始めのモティーフは、トーンチャイムを振り上げる動作を誘うようなイメージでできました。トーンチャイムは、楽器をつかんで振り上げた後、すばやく振って動きを止める、という動作が必要で、人によっては意外に鳴らすことが困難ですが、この曲全体に繰り返されるこの弱起のリズムは、準備の動作を誘うのにちょうど良かったと思います。

◎人数　1人〜

◎必要な楽器　・ツリーチャイム
　　　　　　　・トーンチャイム　e^1、h^1、e^2（e^2、$\sharp d^2$、$\sharp c^2$、h^1、a^1）

◎活動の目的
　音楽に合わせてトーンチャイムを良い音で鳴らす。A B A の構造を体験する。

◎活動の進めかた
　A をトーンチャイムで、B をツリーチャイムで演奏する。リーダーのサインに従って、オブリガートのように演奏することも可能（下記参照）。他の音を足すのも可。

◎留意点
・トーンチャイムを鳴らして見せてから楽器を渡す。
・楽器を鳴らす動作に慣れるまでの間、完全に曲を弾き始めず、前奏を工夫する。
・リーダーが、メロディに合わせて、もっと単純な副旋律を歌ってもよい。

クリモカ・ベル （©臼井裕美子）

『一緒に鳴らそうよ』　　小柳玲子（作詞・作曲）

◎曲の成り立ち
　もともとは、ダウン症の赤ちゃんの母子セッションで、お母さんたちが演奏して子供を音で包み込んであげるという活動でした。心理的にも肉体的にもきつい時期なので、ひと時お母さんにもほっとしてもらいたいと考えて、簡単でゆったりとした活動になりました。
　その後、対象児自身が演奏するというように形を変えていろいろなグループで使用しました。「皆でそろえて１回だけ鳴らす」という、ごく単純な活動だけに、グループの数だけ応用編が誕生しています。

◎人数　数名〜。展開例③は、かなり多くても可能（20名程度）

◎必要な楽器　・トーンチャイムを人数分
　　　　　　　・展開例②では、ツリーチャイム、シンバルなど

◎活動の目的　周囲と同じタイミングで音を出すことを通じ、他者へ意識を向ける。

◎留意点　ゆっくりした活動なので、プログラム全体の流れやグループのエネルギー配分を考慮する。

◎活動の進めかた

展開例①　全員が１本ずつトーンチャイムを持ち、フレーズの最後で１回だけ鳴らす。リーダーは一緒に演奏するか、わかりやすいよう動作で指示をする。「〇〇ちゃん、鳴らそうよ」と歌詞を変え、１人ずつ鳴らすことも可能。Bはピアノに答えて２回鳴らすが、難しければAだけでもよい。

展開例②　Bでは、指定された１名がツリーチャイムを演奏する（Aでは待機）。solo と tutti の演奏を通じ、「役割分担」「周囲からの注目」を経験する。

展開例③　人数分より少ないトーンチャイムを用意する（人数の半分以下がやりやすい）。３・４小節、７・８小節で隣の人に楽器を渡す（鳴らすのは２小節と６小節のみ）。「左に渡してね」等、歌詞で指示する。「誰かに渡してね」とすると自由度が増し、より難しくなる。

一緒に鳴らそうよ （©小柳玲子）

『カリヨン』　臼井裕美子（作詞・作曲）

◎曲の成り立ち
　指導者のサインどおり正確に楽器を鳴らすことの難しい人と、指導者のサインをしっかりと見てタイミングよく鳴らせる人が混在しているグループのために作りました。どの人にも実力を発揮してもらいながら、一緒に音楽を作り上げることが目的でした。演奏を通して、音楽のダイナミクスや構造を体験してほしい、その中で、自分の力や仲間の存在を認め合う時間を持つことができれば……というのがこの曲の願いです。
　鈴やトーンチャイムを持って、どんな音かな、と鳴らし始める人の音、そこに他の人の音が徐々に加わり、音楽を展開していく——。それを曲にすると、鈴のように比較的操作が易しく自由度の高いパートと、「ここぞ」というタイミングに鳴らす責任があるラッパなどのパートができました。

◎人数　（スタッフを含めて）2人～10人程度

◎必要な楽器
・鈴、トーンチャイム g^2、a^2（、c^2）、音積み木 g、a、cなど
・スタンドに設置したシンバルと、良い音が響くマレット
・ラッパ c^2、g^2（オクターヴ違いを含め何本でもよい。聴きとりやすい音を用意する）

◎活動の目的
・演奏を通して、グループ全体で同時的に音量や音域、楽想の変化、対比を体験（共有）する。
・参加者同士がお互いの音や役割に気づき、認め合う。

◎活動の進めかた
　Aを軽やかに、Bを颯爽と、交互に演奏し、Aで終わる。Aは g^2・a^2…と交互に鳴らすのが難しい場合は、c^2、g^2を自由に鳴らす。

　1人で行なう場合／リーダーの指示に従えるメンバーがいない場合
　対象児・者に体験させたいパート以外を指導者が担当し、曲を演奏する。子供が曲の展開を記憶し、次の展開を予測、期待できるように、音楽に伴う大人の動作や視線をはっきり示す。徐々に手がかりを減じ、子供が自発的に演奏に参加できるようにする。

　多い人数で一緒に合奏する場合
　リーダーが楽器を紹介しながら配り、楽器を手にした人が出した音が音楽の始まりの音になるように音楽を始める。AとBとの交替で展開し、Aで終わる。
　各部への移行時には、リーダーが演奏者に明確な合図をする。Aを切り上げるために鈴とトーンチャイムを止め、Bに入るためにラッパに音を出す合図をする。ラッパは長い音で吹く。ラッパの響きを充分に聴いてから（1拍分くらい）、シンバルを叩くように合図する。

◎留意点
- お互いに注意を向けやすいよう、楽器や人の配置、演奏のテンポや「間」を工夫する。
- 大きな音が苦手な人がシンバルやラッパのすぐ横に座らないように配慮する。
- ラッパとシンバルの担当者には、合図があるまで鳴らさないことを伝える。
- リーダーは、各部の移行を予期させるために、参加者の注意を集中させるように工夫する。例えば音量を少し小さくしたり、速度を遅くしたり、時間の間隔を空ける。ピアニストはリーダーに合わせ、Aを収束させながら、Bの始めの音を弾くタイミングをラッパの奏者に合わせて弾く。B→Aへの移行時も同様に。
- それぞれの楽器の人には、音を出した瞬間に必ず視線や表情でフィードバックをする。

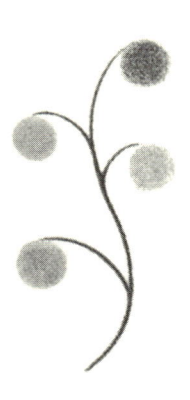

カリヨン (©臼井裕美子)

鈴
トーンチャイム
ラッパ
シンバル／マレット

A トーンチャイムまたは音積み木．鈴は自由に

A トーンチャイム，鈴は自由に

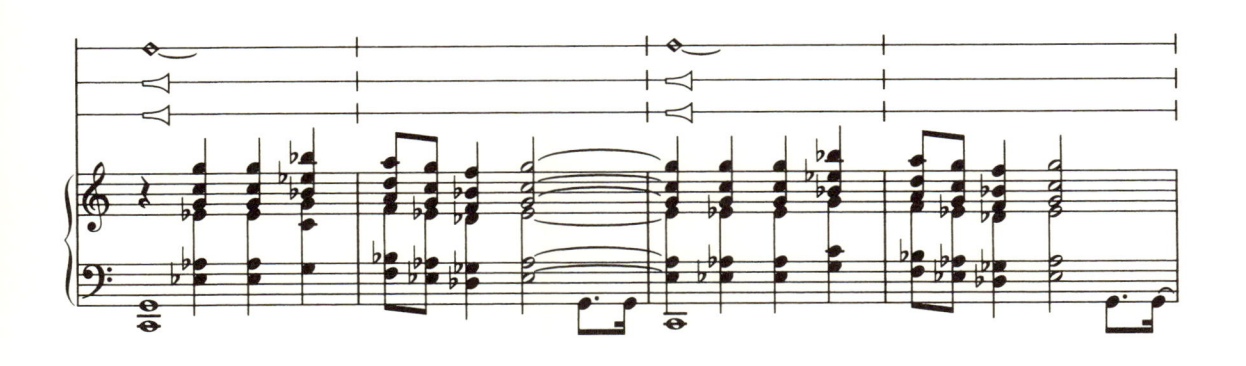

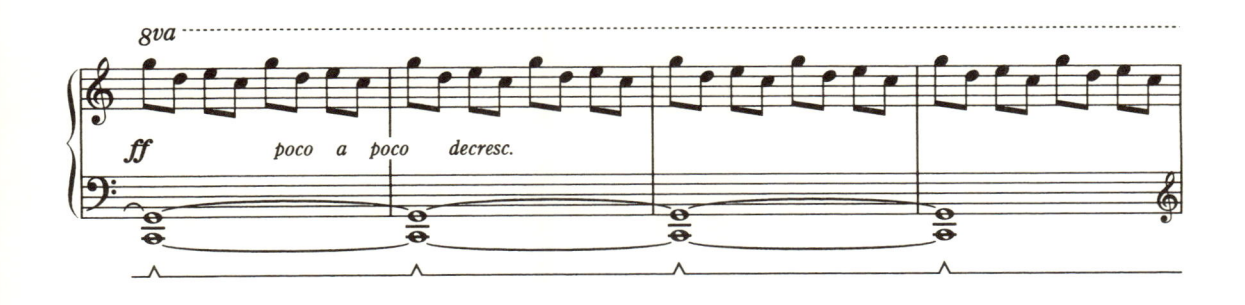

楽器を使って | 49

トーンチャイムを中心に

『Baby's Breath』　　鈴木祐仁（作詞・作曲）

◎曲の成り立ち
　この曲は、成人施設の利用者15名を対象としたグループ・セッションのために作られました。人数の多いことも影響して、皆で1つの活動に集中することが難しい状況がありました。そこで、活動や、他者への集中を促すことを目的に、この曲を考えました。
　誰にでもわかりやすいことを考え、ゆっくりと静かな曲調を用いました。また、メンバーの年齢を考えて、各メンバーがそれぞれ「1人の大人として尊重されている」イメージを曲に持たせることを考慮しました。この活動では、演奏に集中したり、他者の演奏を集中して聴く様子がメンバーにみられました。

◎人数
・基本は8名
・トーンチャイムをそれぞれオクターヴで用意し、15名で演奏することも可能

◎使用楽器
・トーンチャイム
・フィンガーシンバル（G）またはサスペンドシンバルとマレット

◎活動の目的
・グループ全体の活動への集中を促す。
・メンバー同士が他者を意識し、共同して活動を行なう。

◎留意点
・状況に応じて、音楽を変化させること。
・一定のテンポにそった演奏を目ざす場合、リーダーがメンバーごとに指示を出すタイミングや方法を工夫する。

◎活動の進めかた
・必要があれば、施設職員などによる演奏のモデリングを行なう。
・グループの中から希望者を募り、行なう。
・椅子を弧状に配置したほうがよい。
・セッション・リーダーがハンドサインで指示を出す。
・E♭のメンバーだけ、2打鳴らすところがあるので、あらかじめ伝えておくこともある。
・演奏の前後にタイトル「Baby's Breath」（日本語は「かすみ草」）についてメンバーで話し合うことも有効かもしれない。

Baby's Breath (©鈴木祐仁)

『Pentas』　　鈴木祐仁（作詞・作曲）

◎曲の成り立ち
　この曲は成人施設の利用者15名を対象としたグループ・セッションのために作られました。このグループは、日常生活をおくるグループとは違う編成なので、お互いに関わる機会の少ないメンバーもいます。そこで、メンバー同士のつながりやグループ意識を引き出すことを目的とした活動を提供しようと考えました。この曲は、まず「合奏に参加しているメンバーが誰なのか」ということを明確にする、1人ずつ楽器を鳴らす部分があります。そのあと順番に鳴らす、一緒に鳴らす、というような共同作業の部分があります。

◎人数　　5名またはその倍の人数

◎使用楽器　・トーンチャイム
　　　　　　（各メンバーが2本ずつ、オクターヴでトーンチャイムを持つことも可能）

◎活動の目的　メンバー同士が他者を意識し、共同して活動を行なう。

◎留意点　　フレーズを成立させることより、各メンバーがお互いを意識できるようなペースでの進行を心がける。

◎活動の進めかた
・必要があれば、施設職員などによる演奏のモデリングを行なう。
・グループの中から希望者を募り、行なう。
・椅子を弧状に配置したほうがよい。
・指揮者の役割を作り、歌とハンドサインで指示を出す。リーダーは、メンバーの中から募ってもよい。その際はセッション・リーダーがそばにつき、必要な援助をする。

Pentas (©鈴木祐仁)

Slowly

トーンチャイム

○○ さん が なら そう ○○ さん が なら そう

○○ さん が なら そう ○○ さん と ○○ さん

じゅん ばん に なら そう じゅん ばん に なら そう

トーンチャイムを中心に

じゅんばんにならそう こんどはいっしょに ならそう さいごはいっしょにならそう

『かごめ』　日本古謡／加藤美名（原案）／生野里花・水野明子（編曲）

◎曲の成り立ち
　この活動は、生野の教えていた東海大学の音楽療法のクラスで、学生の加藤美名さんが高齢者向けの活動として発表したものを原案にしています。その案では、トーンチャイムのみを使い、対象者の方々とシンプルかつ密接なやりとりをすることで「かごめ」の即興的な伴奏ができるようになっていました。トーンチャイムの響きとこの歌の持つ懐かしい感じがマッチして、独特の雰囲気を作っていました。
　その後、生野と水野がより広い対象者を念頭にピアノも加え、即興、合奏、声（ヴォカリーズ）を取り入れる活動に発展させました。障害児はもとより、障害者、精神科、さらには健常者など、どんな対象者にも応用して使っていくことができます。個々の表現を受けとりながら、次第に個々の間の壁が次第に低くなり、共生意識のようなものを生み出す力のある活動です。

◎人数　基本的には全員にトーンチャイムがわたる人数（通常10人）がやりやすいが、歌う人とトーンチャイムを演奏する人を分けて考えれば、もっと多い人数でもできる。何百人も入るホールで行なったこともある。

◎必要な楽器　トーンチャイム（e、♯f、g、b、dを人数分）

◎活動の目的
・心身の力を抜いて気持ちを鎮め、穏やかな気持ちで自分や人の心を聴き合う。
・全体の支持的なエネルギーを信頼し、そこに乗せて自分の音（または声）を出す。
・力の抜けた声を出すことで、身体と心を解放する。

◎留意点
・セラピスト自身が身体と心の力を抜いて、柔らかい支持的な雰囲気を作る。
・その時の対象者がどれくらい心地よく自分を解放しているか、気持ちがどの方向へ向かっているかをよく見極めて、進行のしかたを即興的に構成していくこと。

◎活動の進めかた
　セラピスト（あるいはリーダー役をつとめる参加者）が真ん中のe^1音のトーンチャイムを持ち、他の参加者は残りのトーンチャイムをランダムに1本ずつ持って立つか座る。
　全体は緩やかな弧を描いているとよい。次の①～④の手順は、場合によっていろいろな順番・組み合わせでできるが、ここには基本的なパターンを提示する。

　①A 準備が整ったら、e^1音を持っているセラピスト（リーダー）が即興的に他の参加者のトーンチャイムを指しながら、e^1音（自分）―他の音―e^1音（自分）―他の音……というように繰り返していく。五音音階になっているので、順番は問わない。ゆっくりとした二分音符を意識しながら拍感を確立する。8小節を基本として全体が落ち着くまで繰り返す。
　②B そこに「かごめ」の歌を乗せていく。まずセラピスト（リーダー）が静かに歌い出

し、参加者にも唱和するよう合図する。適宜繰り返す。

③C 歌が落ち着いてきたのを見計らい、ピアノが短い間奏を弾いて加わる。セラピストは引き続き「かごめ」を歌うことを参加者に合図し、トーンチャイムと歌とピアノで演奏する。

④D トーンチャイムとピアノをそのままに、歌を即興的ヴォカリーズのやりとりに変える。活動に慣れていないグループの場合、ここで言葉の説明を入れたほうがよい（「今度は声のキャッチボールをしてみましょう。私がぽーんと声を送りますので、同じようにぽーんと声をここまで返してくださいね」など）。この場合も①の時と同じように、1音ごとにセラピスト（リーダー）が声を出し、次の拍をアイコンタクトで他の参加者に指名する。音程はトーンチャイムと同じe、♯f、g、b、dの音階を基本とし、最初は「アー」という同音程の二分音符、次第にトレモロで揺らした音や下降・上昇フレーズ、さらに子音などを取り入れ、参加者は基本的にその模倣で応える。

⑤C ひとしきり声の即興を行なったら再び雰囲気を静かに落ち着かせ、トーンチャイムと声とピアノで「かごめ」を演奏する。

⑥B ピアノが静かに退き、トーンチャイムと声だけで「かごめ」を歌う。そのまま余韻を残して静かに終わる。あるいは、

⑦A トーンチャイムのみのかけあいにまで戻ってから終わってもよい。

　ピアノの即興について
③と④の部分のピアノは、繰り返す和声パターンに乗せ、自由に即興演奏をするが、トーンチャイムを鳴らしている人や歌っている人の気持ちをよく洞察して、それに合わせたり、呼びかけたり、やりとりしたり、応援したり、といった重要な療法的メッセージを送るようにする。個々の参加者だけでなく、グループが全体としてどういう雰囲気になっていっているか、あるいはなろうとしているかを読み取って、それに同質化していくような弾きかたをすることも大切である。

かごめ （日本古謡／© 加藤美名・生野里花・水野明子）

トーンチャイム：リーダー（セラピストあるいは参加者の1人）／他の参加者（ランダムに1本ずつ持つ）

☆基本的に A—B—C—D—C—B（—A）の構成で状況をみながら即興的に進めていく

A リーダー／他の参加者（適宜　繰り返す）

B トーンチャイム（Aのパターンを続ける）

うた：か　ご　め　か　ご　め　か　ご　の　なかの　と　り　ー　は　い　つ　い　つ　で　や　ー　る

よ　あけの　ばんに　つ　る　と　かめが　す　べ　った　うしろの　しょうめん　だ　ー　れ

C （Aのパターンを続ける）

か　ご　め　か　ご　め

ピアノ

58 ｜ トーンチャイムを中心に

楽器を使って | 59

♣ 楽器を使って……ラッパ・ホーンなど

『らっぱブギ』　小柳玲子（作詞・作曲）

◎曲の成り立ち
　小学校高学年4名のグループのために作りました。年齢相応にノリが良くてかっこいいリズム、気が散りやすい子供もいたので勢いがあるメロディ、麻痺のある子供のためにラッパを鳴らす箇所は長めでフリーに吹けるようにしました。また、指示を出すリーダー役が子供にもできるように、構成は本当にシンプルな形になっています。

◎人数　数名。指示の出しかたによっては1名でも可能。

◎必要な楽器
・クワイヤホーン、リードホーンなど音程のあるラッパを人数分（c^1、e^1、g^1、$♭b^1$）
・（おもちゃのらっぱでも代用可能）

◎活動の目的　・呼気のコントロール。
　　　　　　　・リーダーの指示を理解し従う。
　　　　　　　・リーダー役になり指示を出す経験をする。

◎留意点
・呼吸に関係することなので、リラックスした状態になるよう環境を整える（場合によっては、椅子から降りて床に座る、歩いたり軽く身体を動かしながら行なうなど）。
・楽器の取扱い。特に手に持っているとずっと吹き続けてしまうことがあるので、吹かない時はどうやって持っているかなど、具体的なルール作りが必要。

◎活動の進めかた（展開例②、③では、リーダー役を交換することもできる）

展開例①　療法士はリーダー役となって歌い、自身も演奏する。対象児・者は、メロディの切れ目で約2小節好きなように演奏する。基本は「皆で」……とにかく音を出すことを楽しみ、一体感を感じる。吹くタイミングを伝えるために、動作で少し早めに合図をする。
展開例②　リーダーが歌詞の中で全員に対し指示をする。自身もサンプルとして演奏する。指示の例としては、「長く」「短く」「大きく」「小さく」「上向いて」など。
展開例③　「フルーツバスケット」のように、指示に当てはまる者のみが音を出す。指示の例：最も簡単に「○○君」のように呼称する。ほかに「男の子」「○年生」「大きなラッパ」「○色の服」など。対象児・者の理解度や興味に応じてさまざまにアレンジ可能。

　対象によっては、ダンスのように身体を動かしながら演奏してもよい。ラッパを吹く箇所だけは決めておいて、あとはフリーに動くようにすると、枠組みがはっきりしているため動くほうも楽にできる。もっと年齢の低いグループでその展開をしたところ、今まで音が出せなかった子供が、動くほうが楽しくて息が上がるうちに思わず吹けた、というおまけがつきました。

らっぱブギ (© 小柳玲子)

☆適宜、繰り返したり、間奏を入れたりしてふくらませる。

楽器を使って

『ラッパを吹こう!!』　中馬千晶（作詞・作曲）

◎曲の成り立ち
　セラピストの指揮のみの介助で、各自が自分のパートの楽器を担当できる小学校中・高学年のグループのための合奏曲として作りました。

◎人数　3〜5人

◎使用する楽器
　・ホーン（g^1、a^2、d^2）
　・人数により必要があれば、シンバル（ドラでも可）、低音ドラム
　・中間部を入れる時はツリーチャイム

◎活動の目的
・合奏という構造のはっきりした活動を通して、自分の役割への責任とルールに則ることを経験する。
・音楽的に美しい響きをグループの仲間と共に作る。

◎留意点
・ホーンはただタイミングに合わせて吹けばよい、ということになりがちだが、集中力を高め、音の質、音楽的表現力を追求させるよう指導すること。
・ホーンへの指揮は、2分音符の長さが表現できる動作を工夫する。
・下記の音階を使ったスローパートの中間部をツリーチャイムのために足してもよい。

ラッパを吹こう!! (©中馬千晶)

(以下同じ)

(続けて鳴らす)

このあと即興的中間部を入れ、
また最初に戻る構成にしてもよい

ラッパ・ホーンなど

『Hyper Blow !!』　鈴木祐仁（作詞・作曲）

◎曲の成り立ち
　この曲は成人施設の利用者15名を対象としたグループ・セッションのために作られました。そのセッションでは入室が難しい女性のメンバーがいました。彼女の参加を促すことを考え、作曲の際に、彼女の音楽的な好み——開放的な雰囲気や、わかりやすく、ユーモラスでダイナミックな曲調、リードホーンを好むこと——を考慮しました。
　また、このグループでは、それぞれが演奏に真面目に取り組み、それゆえに無難に小さくまとめてしまうことがよく見られました。そこで私たちは、開放的で、どのような演奏結果もポジティヴに受けとめられる雰囲気を音楽で提供し、メンバーの自由な表現を引き出そうと考えました。

◎人数　基本は4名

◎使用楽器　リードホーン

◎活動の目的　・活動を楽しむ。
　　　　　　・指定されたタイミングでリードホーンを鳴らす。
　　　　　　・曲調の変化に伴い、リードホーンの奏法をコントロールする。

◎留意点
・楽しい雰囲気の演出。メンバーの演奏結果がポジティヴに受けとられる雰囲気を心がける。
・歌詞や音楽をグループの状況に応じて変化させる。

◎活動の進めかた
　最初はリーダーが、鳴らすタイミングをハンドサインで指示する。メンバーが慣れてきたら、歌だけの指示にする。
　活動のヴァリエーションとして、以下のようなことが考えられる。
　　・1人ずつリードホーンを鳴らす。
　　・リフレインの繰り返し回数を増減させる。
　　・B の部分では、減衰の長い打楽器（シンバルなど）を導入してもよい。
　　・ダンスをし、音を鳴らすタイミングでストップ、リードホーンを鳴らす。
　また、活動への集中を促すために、2小節くらいのイントロをつけることも有効である。

Hyper Blow!! (©鈴木祐仁)

リードホーン

A Fast

リードホーン　　　　　　　　　　　　　　　　　　　　　　　　　（全員で）

らっぱをふこう　らっぱをふこう　らっぱをふこう　よ

らっぱをふこう　らっぱをふこう　らっぱをふこう　よ

らっぱをふこう　らっぱをふこう　らっぱをふこう　よ

68　ラッパ・ホーンなど

らっ ぱ を ふ こ う　らっ ぱ を ふ こ う　らっ ぱ を ふ こ う　　よ

Fine.

B **Slow**　　　（全員で）　　　**Tempo I**

み ん な で な ら そ う　　み ん な で な ら そ う

D.C.

楽器を使って

♣ 楽器を使って……太鼓・シンバルなど

『音楽のおもちつき』　　高橋友子（作詞・作曲）

◎曲の成り立ち
　保育園、17名の年少児クラスで、活動中に、自己主張する子、待たされる子、とクラスが分かれ、活動が前に進まなくなってしまう状況に困っていました。活動を通して皆で一緒に何かを達成する喜びを感じてほしい、何か自然に社会性やルールを意識できるような活動を、と考えて作りました。

◎人数　3～5人程度。全体の人数が多い時は、小グループを何チームか作る

◎必要な楽器　スタンド付きの大きめのフロアータムと人数分のマレット（1人1本）

◎活動の目的
　1人1人が能動的に活動し、全体としても一体感を共有できたという経験をすること。

◎留意点　対象者がどのような心理的推移を経験したかということが重要。

◎活動の進めかた
　リズミカルな曲そのもので空いたところに音をはめることを促す、日本の遊び歌ふうの曲。皆で1つの太鼓を囲み、セラピストが歌いながら指示を出す。構造は以下の4つの部分から成る。
　①歌詞でルールを説明する。
　②1人1人名前を呼ばれて叩く（スポットがあたり緊張するところ）。
　③全員で叩く（発散、弛緩。リズム感を身につけるのに効果的な部分）。
　④全員で止まる（シーンとした静寂を皆で創る）。

　対象児・者が太鼓をうまく叩けなかった場合は、恥ずかしくてできない、わざとやらない、身体機能的に難しい、名前を呼ばれても気づきにくいなど、原因を考えて、敢えてとばす、太鼓そのものを近づける、気づきを促す介助をする、など臨機応変に対応する。余裕が出てきたら、歌詞の「○○ちゃん」のところを「○○ちゃんと△△ちゃん」としたり、曲全体を速く、遅く、静かに、大きく、などと揺さぶって変化を楽しんだり、「ホレホレ」とか、「ア、ヨイショ！」など合いの手を入れてみる。

音楽のおもちつき (©高橋友子)

フロアータム

（ピアノはすべて黒鍵）

おんがくの　おもちつき

よばれたひとはたたいてね　○○ちゃん

状況を見ながら
何回か繰り返す

全体のリズムが整ってくるまで
何回か繰り返す

○○くん　○○せんせ　○○くん

こんどはみんなでたたこうよ　ソレペッタンペッタン

ペッタン　ペッタン　ペッタン　ペッタン　ペッタン　ペッタン

さあ〜止まるよーせーのーストップ！（シーン）
（話すように）

太鼓・シンバルなど

『シンバル・マーチ』　　高橋友子（作詞・作曲）

◎曲の成り立ち
　気持ちを引き締めて活動に向かえるような曲、子供っぽくなくて、でもシンプルな曲、ということで作りました。対象者8名、介助ボランティア8名、全体で約20名ほどの成人の知的障害者のセッションで行ないました。

◎人数　演奏するのは対象者、介助者、ピアニストの3人。セラピストが指揮。その他の人は聴衆になり、交替で行なう

◎必要な楽器　・スタンド付きのシンバルとマレット1本（対象者）
　　　　　　　・スタンド付きのフロアータムとマレット2本（介助者）

◎活動の目的　・大勢の人に注目されながら演奏する。他の人の演奏を聴く。
　　　　　　　・介助者にも自分を出す場面を設けることで、参加者全員のフラットな交流が可能。

◎留意点
　対象者が過度に緊張してしまう場合の対応や、思いきり叩き過ぎる場合の調整のしかたなども想定しておく。

◎活動の進めかた
　空いたところに音をはめることを促す、シンバルが主役の合奏曲。ステージと客席と感じられるような椅子の配置をする。適度な緊張を保つために、態勢を整え、気持ちの準備ができてから始める。うまく叩けない場合は、叩くポイントの一瞬前でシンバルを差し出して示す、据え置きにして手振りで模倣力を活用して示す、「バーン」とか「ダーン」と声で援助する等の工夫をして指揮をする。15～16小節目はピアノが主役。この曲が合奏であることを意識できるとさらに有意義な活動になると思う。また「最後に大きく……」のプレッシャーに向かって意識を集中して演奏することも大きな課題になる。余裕が出てきたら、フロアータムにチャレンジしたり、対象者の特性、好みに応じてシンバルとタムの役割を振り分ける、などが考えられる。

シンバル・マーチ (© 高橋友子)

シンバル
フロアータム

シンバル
フロアータム
うた
ピアノ

さあ たった こう

シンバル たった こう ○○ちゃん たった こう

76 太鼓・シンバルなど

楽器を使って | 77

『○○ちゃんの太鼓』　水野明子（作詞・作曲）・生野里花（編曲）

◎曲の成り立ち
　日本的な音階とリズムを使った太鼓とシンバルの曲です。障害の重い子供も軽い子供も、活発な子供も恥ずかしがりやの子供も、スタッフも、この曲を聴くとなぜか自然に身体が動き始め、さまざまな束縛を忘れてリズムに没頭することができました。

◎人数　何人でも可能。演奏する人は一度に1～2人なので、できれば全員に順番が回ってくる人数がよいが、この曲は見ているほうも雰囲気に乗ってきて手拍子をする、合いの手を入れるなど、お祭りのギャラリーのような楽しさを味わえる。

◎必要な楽器
・足付き太鼓（和太鼓、スネアドラム、フロアータムなど）
・スタンド付きシンバル

◎活動の目的　・曲の構造に従って、2つの楽器を使い分けること。
　　　　　　　・自己表現、自己実現。
　　　　　　　・仲間の自己表現を聴くこと。

◎留意点
・伴奏は、リズムを強調して和風の雰囲気を作る。
・太鼓やシンバルの高さと向き、バチの固さ・重さを子供に合わせて調整し、最も効果的に良い音が出るように設定すること。
・必要があれば、楽器を指し示したり、リズムに乗り過ぎて身体が過度に動くのを押さえるなどの援助をする（下記参照）。
・待っている子供と一緒にいるセラピストは、手拍子や合いの手で雰囲気を盛り上げる。

◎活動の進めかた
　初めてこの活動を導入する時は、まずセラピストがひと通りやってみせると、子供たちはすぐに雰囲気を理解してやりたがるようになる。
　太鼓は「ドンドンドン」のところで叩くことになっているが、最初は全ビートを叩いていても、そのほうが乗っているなら構わない。その代わり、シンバルは休符の「ため」を活かすこと。その際も口でうるさく言わないで、休符の間シンバルの表面を覆ったり、叩くところで差し出すなどの動きで示せば、子供も身体で理解していく。（発展編として、子供同士でシンバルを差し出す役をやってみることもできる。叩くほうは差し出してくれている子供の存在を意識し、持っているほうは、大きな音や振動にもかかわらず相手を信頼してシンバルを持ち続けることが必要になる。）

　「リズムに乗り過ぎる」ことについて——身体が踊り出したりぴょんぴょん跳ねたりしてしまって、力が楽器のほうに向かわない場合がある。他児が演奏している時に踊ったりするのはよいが、楽器の前では身体の重心を下げて、散らばるエネルギーを楽器に向けて集約させていく援助をすると効果的である。

◯◯ちゃんの太鼓 (© 水野明子・生野里花)

『太鼓をたたこう』　二俣泉（作詞・作曲）

◎曲の成り立ち
　知的障害者の通所施設での音楽療法の中でできた曲です。そのセッションでは、毎回、対象者によるスネア・ドラムと療法士によるピアノの演奏とで、即興でのやりとりの時間を設けていました。
　この曲は、音楽が大好きで太鼓がうまい女性の対象者との即興演奏の中からモティーフができていきました。ですから、この曲は、その人との合作と言ってもよい曲です。その人は、ビートにのって、全身を使って、身体を前後に揺らしながら、いつもパワフルに、音楽する喜びをみなぎらせて太鼓を叩き、ピアノとのやりとりを楽しんでいました。

◎人数
・基本的には、対象者1人と療法士の弾くピアノで行なう。
・グループ・セッションの場合は、対象者が1人ずつ交代で行なうことも可能。

◎必要な楽器　スネア・ドラムなどの太鼓

◎活動の目的　・リズムの模倣
　　　　　　　・音楽によるやりとりの経験

◎留意点
・リズム模倣の課題の達成のみにこだわるより、楽しいやりとりの雰囲気が保たれることに主眼を置いたほうが良い。
・曲の構成も、対象者のノリに合わせて臨機応変に変化させると良い。

◎活動の進め方
　譜例の＊のところでは、療法士が対象者と眼を見合せて、息を合わせるようにすると、太鼓とピアノの音楽が一体となった感じになりやすい。

太鼓をたたこう (Ⓒ二俣泉)

楽器を使って

『大きな太鼓、小さな太鼓』　水野明子（作詞・作曲）・生野里花（編曲）

◎曲の成り立ち
　ご存知のように、この曲にとてもよく似た有名な子供の曲があります。この曲は、それを現代風にしたといってもいいかもしれません。リズムに付点やシンコペーションを使い、半音階なども取り入れてスピード感のある曲調になっています。子供の注意をそらさず、たたみかける感じで集中力を引きつけていく曲です。

◎人数　何人でもできるが、一度に演奏するのは1人がよい。よって、全員に順番が回ってくる程度の人数が適当。

◎必要な楽器　足付き太鼓（和太鼓、スネアドラム、フロアータム、コンガなど）

◎活動の目的
　・大きな音と小さな音を理解し、運動をコントロールして叩く。
　・指示を即座に聞き分けて理解し、運動につなげる。

◎留意点
・最初からあまり試すような指示の出しかたをせず、その子供が十分についてこられる範囲で楽しみ、次第にユーモアを感じられる範囲で難しくしていくこと。
・「大きな太鼓」と「小さな太鼓」のパターンはどのように入れ替えて歌ってもよい。
・楽譜上では「大きな太鼓」はシンコペーション、「小さな太鼓」は4分音符になっているが、リズムの正確さにあまりこだわる必要はない。

◎活動の進めかた
　その子供に合った高さ・向きの太鼓と、重さ・固さのバチを用意し、立って叩く。正面にセラピストが同じ目の高さで位置し、歌う。
　「大きな音」と「小さな音」が十分理解できて、自由に自分の腕の運動をコントロールできるようになるまで、シンプルなパターンで何度も演奏する。慣れてきたら、だんだんに歌詞の順番を変え、フェイントも入れ、歌われた歌詞の通りに演奏できるよう持って行く。
　必要があれば、セラピストがボディ・ランゲージや声の大きさ、顔の表情などで「大きい」「小さい」を表し、援助するとよい。

大きな太鼓、小さな太鼓 (© 水野明子・生野里花)

♩=132くらい．ビートを明確に．スリリングに

足付き太鼓各種

おおきなたいこ ドーン ドーン ちいさなたいこ トン トン トン

(次第に「大きな」「小さな」の歌詞の順番と強弱を入れ替えていく)

おおきなたいこ ドーン ドーン ちいさなたいこ トーン トーン

楽器を使って | 83

♣ 楽器を使って……その他

『小鳥のうた』　吉井あづさ（作詞・作曲）

◎曲の成り立ち
　この曲は小学校低学年の子供を対象としたグループ・セッションのために作りました。セッションの部屋には椅子が並べられていましたが、子供たちは誘われても座ろうとはしせず、窓から外を眺めたり、床に寝転んだりしてほかに興味を向けようとはしませんでした。それでも水笛の音には興味を示しているようでした。そこでこの曲を作り、曲の中でセラピストが歌い水笛を吹いたところ、子供たちがセラピストの周りへ集まってきました。そして子供たちは椅子に座り、セラピストに対し期待を持って集中できるようになりました。

◎人数　1人から3、4人程度。歌詞の2番は、大勢のグループの場合は交替で行なう

◎必要な楽器　水笛、その他の鳥笛

◎活動の目的
・歌詞の1番：セラピストに集中する。
・歌詞の2番：セラピストの指示に合わせて演奏する。吹くことの経験。
　個々が吹いて音を出すことで認められる。

◎留意点
　歌詞の2番：楽譜Aのフェルマータでは、子供が吹き終わってから次に入る。

◎活動の進めかた
・セラピストに集中させるために使う場合：水笛が効果的（上記参照）。
・歌の指示が待てない子供に対する場合：セラピストが笛を持ちタイミングを見て子供の口元へ持っていく。
・歌の指示が待てそうな子供に対する場合：吹くところを手で合図する。
・最後は合図なしで終わる。

小鳥のうた (© 吉井あづさ)

水笛、鳥笛など

笛

1. ことりのうた が　ほら きこえてくる よ
2. ○○ちゃんのおと が　ほら きこえてくる よ

D　Em7　D　B7　Em　A7　D　A

ことりのうた が　ほら きこえてくる よ
○○ちゃんのおと が　ほら きこえてくる よ

D　Em7　D　B7　Em　A7　D

楽器を使って | 87

『そっと』　薫ロビンズ（作詞・作曲）

◎曲の成り立ち
　日本語の sotto という語感の心地よさに触発されて、この言葉の美しさのまわりに音づけをしようと思って書いた曲です。障害を持った子供たちと接していると、言葉が観念としてではなく、音としてすでに大変美しいものとしてあることに気づかされることがよくあります。この曲の場合、子供たちが「そっと」叩かなくてはならないというふうに考えたことはなく、どちらかというと私自身がシンバルや音積み木を叩きながら子供たちに歌って聞かせました。その場合には片手をバチにとられるので、伴奏型も変化させました。

◎人数　特に制限はなし

◎必要な楽器　例えばシンバルや音積み木など

◎留意点
　この曲は、音積み木を使い始めた子供が、手首を柔らかくしなわせることが難しい時の導入やデモンストレーションとして使うこともできる。その時も曲のほうに子供を合わせるのではなくて、曲が子供を支えてあげるよう自由に変化させてほしい。

そっと (©薫ロビンズ)

『静かな音』　千川友子（作詞・作曲）

◎曲の成り立ち
　この曲は、小学校低学年でふだんは賑やかな音楽を楽しむ5人を対象としたグループ・セッションのために作られました。セッションの中にメリハリをつけるため、緊張感のある静かな音楽を提供しようと考えました。経験から言って、金属系楽器の音に対して真剣に耳を傾ける子供が多く見られたので、ツリーチャイムの音を生かした曲を作ってみました。
　曲に合わせて鳴らすことがこのグループの子供たちにとっては難しかったので、歌を聴いてから鳴らすといった構造にしました。上昇形のメロディで引っ張ると、ムードが盛り上がり、子供たちは背筋を伸ばしいつもより大人の顔をしてセラピストのモデリングに注目していました。

◎人数　聴くだけなら特に制限はないが、演奏するなら1人ずつ

◎必要な楽器　・ツリーチャイム
　　　　　　　・他の金属系楽器（トライアングルなど）でのアレンジも可能

◎活動の目的　・静かなムードを経験する。
　　　　　　　・集中して聴く／鳴らす。

◎留意点
・静かな曲は、繰り返すたびに子供の反応が鈍くなるので、伴奏に発展性を持たせ、長過ぎないように注意すること。左手の伴奏は、全音符のコードからアルペジオに変えると、曲に流れが出る。
・子供によってはずっと鳴らし続けたがるので、歌の部分を待たせたいのか自由にさせたいのか検討する。

◎活動の進めかた
　留意点で述べたように、静かな曲は子供の集中を持続させるのが難しいので、そのグループもしくは個人の集中レベルに合わせた方法で行なうとよい。

方法例①：セラピストの歌声と演奏を聴くことだけに絞った時間にする。
方法例②：1人ずつ、前に出て座って演奏する。
方法例③：そのままの位置に座らせ、セラピストがツリーチャイムを持ち、1人が8小節演奏したら隣の子にバチを渡して交替する。この方法だと、セラピストが鳴らすと決めた部分のみに楽器を差し出せるので、タイミングを教えるには最適である。

静かな音 （© 千川友子）

『ピアノの音』　生野里花（作詞・作曲）

◎曲の成り立ち
　音や人に敏感で、着席したりセラピストと一緒の活動をすることがなかなかできず、部屋を走り回ったり隅っこに座り込んでいたりすることの多かった自閉症の子供の個人セッションのために作りました。いきなり向き合うことや手を引っぱられることが苦手だったこの子供にとって、さりげなく待っているセラピストの隣に、彼の場所として保証されている椅子に自分からやってきて、セラピストと同じ方向を向いてピアノの高音部を弾くことは、協同作業～コミュニケーションの第一段階として効果的でした。
　ぎりぎりのところで保たれているこの子供の社会性を支えるため、音楽全体を柔らかい曲調にすること、構造をシンプルにすること、歌詞の中で何度も名前を呼びかけること、子供が入りたくなるスペースを繰り返し曲の中に設けることなどを考えました。
　のちに自閉症児のグループ・セッションでも、1人ずつの番を作って行なう活動として使いました。また、脳性麻痺の子供をリラックスさせて随意運動を誘う活動としても使いました。

◎人数　ピアノの前に座る子供は1人だが、4～5人のグループであれば、順番に行なうことができる。その時は、待っている子供たちについて、音楽に乗せたり、ピアノのほうに注意を促したりするセラピストが必要になる。

◎必要な楽器　特になし

◎活動の目的
・曲の中の自分の場所で音を出す役割を果たすことで、協同作業に気づく。
・さらに発展して、やりとりに気づく。
・さらに発展して、コミュニケーションにつなげる。
・（身体障害児の腕の随意運動を促す）。

◎留意点
・ゆったりと柔らかい音で、招くような感じで弾くこと。しかし強要的にならず、あくまでさりげなく、子供の意志を尊重することが大切。
・ピアノを弾くセラピストは自分の椅子を左に寄せ、右側に子供が入ってきやすい十分なスペースを作ってから、椅子を置く。
・場合によっては、声かけ、ジェスチャー、手にそっと触れるなどして演奏を促してもよい。
・基本的に、身体をおさえて着席を維持するなどの援助は避ける。しかし、多動で衝動的に離席しがちな子供の場合など、子供の椅子のさらに右側に太鼓などを置いて飛び出しにくくしたり、子供のうしろにコセラピストが座って背後から歌いかけ、音楽で立体的に包み込むなどの工夫をしてもよい。

◎活動の進めかた
　最初にどのように椅子に座るかは、手を引かれて指示されたほうがわかりやすい子供か

ら、自発的に来るのを待ったほうがよい子供まで、場合によって違う。いずれにしても、意志に反して無理矢理座らせてしまうと、この活動と音楽の持つ柔らかさや自然さが損なわれるので、そこを十分工夫する必要がある。最初にこの曲を使った自閉症の子供の場合は、座ることを促されても何度も飛び出していったが、そのうちに曲の構造を理解すると、自分がピアノから離れると曲が止まってしまうことを感じとって戻ってくるようになった。

　子供が弾く部分は、最初、手を取って音を出すことを教えたり、そこだけセラピストが高音部を弾いてモデリングしたりして示していく。低音部をなるべく静かに安定した弾きかたにし、高音部をきらりと際立たせるのがコツ。

　子供がなんらかの理由で入れない（気がつかない、ほかのことに気を取られている、麻痺の子供の場合、手が動かないなど）時も、こういった援助をするが、リズムにのって入れないことにあまりこだわらず、「待つ」姿勢も大切である。その際、音楽の構造が崩壊して、かえってわかりにくくならない程度に、どのくらいまで待つかが、セラピストの判断のしどころになる。

　最後に5音下降するところは、子供によって「ソ・ファ・ミ・レ・ド」を理解するなら音程どおり弾くことへ持っていってもいいが、基本的にはその必要はない。それよりは、そこまでは互い違いに出していた音を、今度は一緒に出すことができれば、コミュニケーションという点で発展があると思われる。セラピストがここだけ大きく腕を動かして見せたり、少し視線を誘ったりして促す。

ピアノの音 (© 生野里花)

♩=44 くらい．ゆったりと柔らかく

ピアノ(クライアント)

〇〇ちゃんのおと / ピアノをひこう
こんなおと / 〇〇ちゃん
〇〇ちゃんのおと / ピアノをひこう

C　G　C

こんなおと / 〇〇ちゃん
1 2 3 4 5 / ソ ファ ミ レ ド

F　G7　C

94 | その他

『スティック・ソング』　　二俣泉（作詞・作曲）

◎曲の成り立ち
　グループ音楽療法で、対象者たちの活動性が低く、自発的な動きが少ないことがあります。そんな場合、音楽にのせてリズミカルな身体運動を行なうと、次第に活動性が高まってくることがよくあります。
　私は、知的障害の成人のグループ・セッションでこの活動をよく用いるのですが、対象者の様子を見ながらだんだんと音楽の感じを高揚させていくと、活動性が高まってくることが多いようです。

◎人数　3～10人以上まで可能（小人数よりも、ある程度の人数がいるグループのほうが面白い）

◎必要な楽器　ドラムスティックを1対ずつ人数分

◎活動の目的　・動作模倣
　　　　　　・中心となる人に注意を向ける。
　　　　　　・言語刺激に対応して行動する。
　　　　　　・音に即時的に反応する。

◎留意点
・機能の水準に差のあるグループでも適用が可能と考えられる。
・楽器を投げたり、攻撃的な行動が見られる対象児・者の場合、問題が生ずる可能性があり、その点の配慮が必要。

◎活動の進めかた
　ドラムスティックを各自1対（2本ずつ）持って円形に座る。
　音楽に合わせてドラムスティックを打ち鳴らす。モデル（お手本）の役が1人いるとよい。可能ならば対象児・者の1人に依頼してもよい。
　以下の課題を組み合わせて、変化をつけながら活動を進める。

1) テンポの変化
　演奏のテンポを速めたり、遅くしたりする。対象者たちは、スティックを打ち鳴らすテンポをそれにつれて速くしたり遅くしたりする。

2) 音楽の中断・再開
　ピアノの音楽を途中で突然中断し、少し間をおいて再び再開する。対象児・者は、それに合わせてスティックを打ち鳴らすのをストップしたり、再開したりする。

3) モデルの模倣・言語指示に対する反応
　「頭！」と言うと、対象者が頭にスティックを置く、「膝！」と言うと膝を、「床！」と言うと床を叩く、というルールを設定しても良い（楽譜の②部分）。こうした、言語指示に

対して適切な動作をするような活動は、言葉の理解を促進することの一助になるだろう。
　言語的な手がかりはなしで（「頭」「床」などと言うことはしないで）、モデル役が床や頭や肩を叩き、対象者はモデルの動作を見て、それと同じ動きをする、という活動にすることもできる。こうすることによって、療法士や施設スタッフの動作を模倣する傾向を高めることができる。こうした傾向は、他者の存在や行動に対してより注意を向けることを促進してゆくと思われる。

4）対象児・者みずからがどこで叩くかを決める。
　対象児・者に、「次はどこで叩きましょうか？」と尋ね、身体部位を選択してもらうこともできる。

5）隣の人のスティックと打ち合わせる。
　両手を、スティックを持ったまま広げてもらう。モデル役の人が、手を広げながら「広げて、広げて……」などと言うとよい。そして、左右に座っている人とスティックを打ち合わせる。

　グループの場合、対象者によって、達成可能な水準は異なる。全員が達成できたかにこだわるより、グループ全体の雰囲気、各対象者の様子を見ながら、テンポを変化させたり、新しい課題を導入しながら、楽しく活発なムードが維持されるように配慮するのがよいだろう。

スティック・ソング （©二俣泉）

ドラムスティック（1対ずつ人数分）

① ♩=116 はずむように　ドラムスティックを使って自由に音を出す

② オプションの活動として

モデル役が言葉で指示を出す　　「ひざ！」　　　　　　「床！」　　　　　「バチ！」と言って
「あたま！」　　　　　　　　　何回か　　　　　　何回か　　　　　何回か　　①にもどる
　　　　　　　　　　　　　　繰り返す　　　　　　繰り返す　　　　　繰り返す

楽器を使って | 97

『みんなで鳴らす楽器の歌』　生野里花（作詞・作曲）

◎曲の成り立ち
　自閉傾向があったり、友だちとのコミュニケーションが苦手な子供たちのグループのために作りました。子供たちは面白い形の楽器に強い関心がありましたので、好きな楽器を手にとってもらい、自由に曲の間中鳴らしてもらうことを基本に考えました。その中で、最初は好きな楽器に熱中していても、それを動機づけにして、だんだんに「皆でやっているんだ」という意識や、隣で鳴らしている他児への関心を高めていこうとしました。
　調子のいい乗りやすい曲でありながら、ビート感がはっきりしており、打楽器演奏によって横の連帯感が生まれやすい曲ということを考えて作りました。

◎人数　何人でもできるが、あまり大人数になると音がうるさくなりすぎる。

◎必要な楽器
・そのグループのメンバーが興味を持ちそうな小打楽器いろいろ。あまり重くなく、持ちやすいものがよい。また、発達の段階に合わせた演奏方法（振る、叩く、こするなど）が含まれているとよい。
・ピアノ、あるいはオートハープかギター。

◎活動の目的
・好きな楽器を鳴らして満足感を味わい、自己表現する機会にする。
・周りの他児の存在に気づく。
・他児から楽器を受けとったり渡したりすることで人間関係の第一段階を築く。

◎留意点
・全体の音があまり大きくなりすぎると興奮を招き、またセラピストの歌詞が届かなくなるので、人数や使う楽器の音質に考慮する。
・セラピスト自身は楽器を持っても持たなくてもよいが、ジェスチャーや表情を使って常に子供たちとコミュニケーション（楽器を鳴らすことを促す、他児に気づかせる、楽器を受け渡す指示を出すなど）をとっているようにする。

◎活動の進めかた
　円か扇型に並べた椅子に座った子供たちの前で、カゴなどに入れた楽器をまず１つずつ鳴らして見せる。次に順番に好きな楽器を取ってもらう。最初のフェルマータ３音で指揮への注意を引きながら曲に入り、まず音楽に乗って楽しく鳴らしてもらう。何度か曲を繰り返す。
　次に、伴奏のリズムを続けながら「お隣の人に楽器を渡してください」という指示を出し、必要があれば援助しながら子供同士で楽器の受け渡しをしてもらう。
　全員が違う楽器を持てたら、フェルマータ３音を合図に、再びみんなで鳴らすセクションに入る。
　ヴァリエーションとして、「みんな」の代わりに１人の子供の名前を入れ、ソロで鳴らしてもらうこともできる。

さらに高度にするには
　椅子に座る代わりに歩き回りながら鳴らし、曲の終わりで近くにいる人と楽器を交換するようにもできる（ただし聴覚的にも空間認知的にもかなり複雑になるので、自閉傾向の子供などがいる時は、よく配慮する）。その時はセラピストもオートハープかギターで歩き回るとよい。

みんなで鳴らす楽器の歌 (©生野里花)

♩=74くらい．ビートをしっかりと楽しく

自由に楽器を鳴らす

ラ ラ ラ　みんなで ならすがっきの おとだ よ　ラララ
みんなで ならすがっきの おとだ よ　ラララ みんなで ならすがっきの おとだ
よ　ラララ みんなで ならすがっきの おとだ よ

（適宜繰り返す）

『不思議な国の音楽』　水野明子（作詞・作曲）・生野里花（編曲）

◎曲の成り立ち
　この活動は、シンプルでも音自体に個性のある、ミステリアスあるいはユーモラスな楽器を使うのが鍵です。即興という音楽形式の自由さ、意外さ、楽しさが抵抗なく味わえます。もともとは構造化された合奏が難しい障害児と行ないましたが、のちに即興に抵抗感の強い音楽療法の学生や大人の人たちとも、非常に楽しめる活動であることを発見しました。最初はおそるおそる前に出てきても、ひと声自分の音を出してしまうと、そのおかしさに笑みがこぼれ、お互いの音を笑い合い、その絡み合いも面白くなって、自然に楽しい即興合奏ができていきます。

◎人数　何人でも可能だが、順番が回ってくる程度の人数がよい（見ているだけの人はフラストレーションがたまる）。

◎必要な楽器
・不思議な音のする小楽器あるいは効果音の道具なんでも。ただし、電子音よりもアコースティックなものがよい。例：人形の中などに入れる「泣き声」の仕掛け（押すものや上下をひっくり返すものなどがある）、バードコール、ハンドチャイム、ギロ、スライドホイッスル、カバサ、オカリナ、カズー、フィンガーシンバル、水笛、レインスティックなど。

◎活動の目的
・集団の中での自己表現。
・（対象者によっては、順番を待つこと、呼ばれた名前を理解すること。）
・正しい／間違いといった価値観ではなく、意外性や自由さといった価値観を経験すること。

◎留意点
・前奏や最初の歌でセラピストがまずミステリアスな雰囲気を作って誘いこむこと。
・即興部分に入ったら、ピアノも即興で、積極的にソロに絡んだり、逆に後ろへ引いてソロの音を際立たせるなどの療法的援助をすること。

◎活動の進めかた
　①楽器をテーブルなどにいわくありげに並べておく。提示する時は、対象者によって、先に全部の音を出して聞かせたほうがとっつきやすい場合もあるし、逆に形だけ見せておいて実際に手を出してもらってから（意外な）音が鳴ったほうが関心を引く場合もある。いずれにしても1人ずつ好きな楽器をとってもらう。
　②ソロで行なう場合は全体のほうを向いて、合奏の場合はお互いの顔が見えるように立ってもらう。
　③「不思議な国の音楽」の部分を、最初はピアノと歌だけで演奏して雰囲気を作る。繰り返す時「みんなの」「○○さんの」などと歌詞を変えながら、後半の即興部分を誰が演奏するのかを指示する。

④即興部分では、持っている楽器を自由に鳴らしてもらう。この時ピアノは、演奏者の様子をよく見て、即興にどう絡んでいけばその人のニーズを満たすことができるかを判断するのが重要。

⑤全体の曲の構造はいろいろに作れるが、基本的には、1）まず全員で鳴らして音に慣れ、2）次に1人ずつ名前を呼ぶなどして自己表現してもらい、3）さらにペアの名前を呼んでお互いに絡んでもらったりしてから、4）最後に全員でもう一度合奏する、といった順番がやりやすい。

⑥いろいろな音がさかんに出て雰囲気が盛り上がったあと、ピアノがごく短い後奏でミステリアスな雰囲気を演出し、最初の静けさに戻ってふっと終わると面白い余韻が残る。

不思議な国の音楽 (© 水野明子・生野里花)

♩=128くらい．ミステリアスに．しかし軽やかに

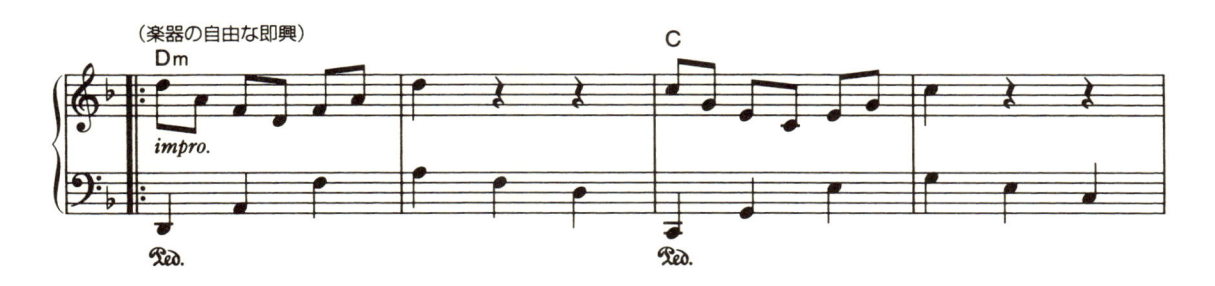

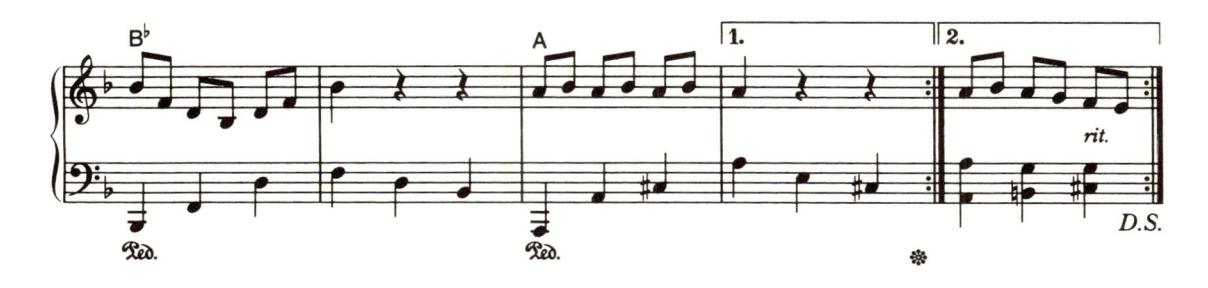

ふしぎな　くに　の　おん　がく
　　　　　○○さん　の
　　　　　みな　さん　の

a tempo

Fine

（楽器の自由な即興）

Dm

impro.

C

B♭

A

1.　2.

rit.

D.S.

楽器を使って

『Cha Cha Cha』　　水野明子・鈴木祐仁（作詞・作曲）

◎曲の成り立ち
　この曲は自閉症成人5名を対象とした、余暇活動を主な目的としたグループのために作られました。セッションでは「可能な限り、自分の子供には能力を伸ばしていってほしい」という保護者の期待を感じ、一方では「1人の大人として他者に認められたい」想いがメンバーそれぞれにあり、それがアンバランスに表現されている様子が見られました。
　メンバーは、それぞれ日常で幅広いジャンルの音楽を聴いており、音楽的にさまざまなベースがありました。そこで私たちは、音楽的な面からメンバーの大人の部分を引き出していくことをねらいに、ラテン音楽の和声進行やリズミックな曲調を用い、思わず身体が動いてしまうような、誰が聴いてもわかりやすい開放的な音楽を提供しようと考えました。

◎人数　特に限定しない

◎使用楽器　ラテン打楽器など

◎活動の目的　メンバーそれぞれの自由な表現を促す。

◎留意点　・楽しい雰囲気の演出。
　　　　　・歌う場合、歌詞がシンプルであることを心がける。
　　　　　・対象に合わせて曲調やテンポを設定する。

◎活動の進めかた
・基本的には、メンバーにそれぞれ楽器を選択してもらい、自由に演奏する。
・ほかに、以下のような枠組みの設定も可能である。
　①Aの2、4小節目でリズムの模倣を行なう。1人ずつでも、メンバー全員で行なってもよい。
　②メンバーがソロで演奏する場面を設定する。それに際し、ソロ用の楽器を用意する。
　　（コンガ、ボンゴ、ジャムブロック、スネア、シンバルなど）
・セッション・リーダーがグループの状況に合わせてメロディに歌詞をつけて歌うことも可能。あるいは歌詞をメンバーで考え、歌ってもよい。ここでは、リーダーが歌う際の一例をあげる。
　　【歌詞の例】
　　　みんなで鳴らそう　チャチャチャ（×4）
　　　みんなで鳴らそう　気楽に
　　　みんなで鳴らそう　自由に
　　　みんなで鳴らそう　チャチャチャチャチャ

Cha Cha Cha （© 水野明子・鈴木祐仁）

『みんな一緒に』　　吉井あづさ（作詞・作曲）

◎曲の成り立ち
　この曲は小学校低学年の子供のグループ・セッションのために作りました。子供たちが場に慣れ、セラピストとの関係もでき、それぞれの子供がグループの他の子を意識できるようになってきたところでこの曲を作りました。

◎人数　基本的には3～4人。人数が多い場合には繰り返しごとに名前を変えていく

◎必要な楽器　打楽器、笛など（いろいろな音色のもの）

◎活動の目的　・指示されたところで楽器を鳴らす。
　　　　　　・それぞれの子供が楽器を鳴らすことで認められる。
　　　　　　・他の子供を意識する。
　　　　　　・他の子供と一緒に鳴らすことで楽しさを共有する。

◎留意点
　課題を追うよりも楽しい雰囲気の中でリズミカルにこの曲が使われること。

◎活動の進めかた
　①1人ずつに音色の違う打楽器などを持たせる。
　②「○○ちゃんの音」と名前を呼ばれた子がセラピストの合図で演奏する。
　③「みんな一緒に」のところはセラピストのリードで全員が自由に演奏する。

　座った形でもできるが、立って行なうと「みんな一緒に」のところで踊ることもでき、動きがダイナミックにつけられる。

みんな一緒に（© 吉井あづさ）

打楽器、笛などいろいろな音色の楽器

楽器

（呼ばれた子が楽器を鳴らす）

○ ○ちゃんのおと　　○ ○ちゃんのおと

（この部分は3拍にこだわらずクライアントに合わせる。以下同様）

（先に進む場合）

（自由に鳴らす）

みん ないっしょに　　おん がくし よう　　おんがく　おんがく

C　Em　　F　C　　Dm7　Am

楽器を使って

108 | その他

♣ 身体の触れ合い／動き／発散

『みてごらん』　薫ロビンズ（作詞・作曲）

◎曲の成り立ち

　洋平君という子供のために1992年に作った曲です。洋平君は自閉的な傾向のある子供で、音楽療法を始めたばかりの当時、片方の手のひらに強いこだわりを持っており、これを目の前すれすれに近づけたり離したりすることを絶えず繰り返していました。この行動はセッションの間中間断なく続けられたので、洋平君に対して音楽はまったく届くすべのないような状態でした。私は自分が彼に求めているものは何なのかを検討し直すことを余儀なくされました。何かをしてもらいたいと考えるのではなく、まず彼の世界観を共有させてもらえないものだろうか。手のひらへの固執を他のものに置きかえるのではなく、彼にとってそれほど手のひらの世界が魅力的なのなら、そこに一緒においてもらえないだろうかと考えたのです。そのためこの曲は何かをしてもらおうという意図を敢えて省き、もっぱら洋平君の手について歌うことに対して書かれました。コセラピストの人が洋平君の手を持ち、半分は洋平君に半分はこの手に歌いかけるようにして曲が使われました。曲の前半では彼の手を擦ったり2人で手を合わせたりし、「いち、に、さん、し、ご」のところでは1本1本の指をゆっくり数えました。やがて洋平君はこの曲がよりどころとなって心を開きはじめ、カウントのところで声を出したり、これに合わせて太鼓を叩いたりし始めました。こうして洋平君の手のひらへの固執は、結果として、次第に音楽活動へと置き換えられていきました。

　その後この曲は、さまざまなバックグラウンドを持つ子供たちに対して使われ、そのつど用途に合わせて調もハーモニーも変化しました。この曲集に載せた調とハーモニーは、視覚障害と脳性麻痺を併せ持つ女の子に対して使った時にアレンジしたもので、彼女の努力に敬意を表しながら、「すごいぞ！　もうすぐカウントが来るよ」というメッセージを彼女に送る意図を持ったものです。

◎人数および必要な楽器　特に制限や指定はなし

◎留意点

　子供によっては、上記のような理由でアレンジされたこのハーモニーは重すぎるかもしれない。また、子供がカウントの部分をピアノで叩けるようにという意図でこの曲を用いる場合には、その子が弾きやすい調に移調することも必要だろう。このアレンジは、声に1つの役割を担わせるという臨床上の意図から伴奏のパートにメロディを含んでいないが、これも状況や意図に合わせて変えていただけたらと思う。

みてごらん （©薫ロビンズ）

そっと
みてごらん ようへい　　きいてごらん ようへい

ラ ラ ラ ラ ラ ……

みてごらん ようへい　　きいてごらん ようへい

いち に さん し ご —

身体の触れ合い／動き／発散

『握手しよう』　中山晶世（作詞・作曲）

◎曲の成り立ち
　この曲は、小学校高学年の自閉症の男の子6人を対象としたグループ・セッションのために作られました。離席して窓から外を見ている子、着席していても1人で自分の興味のあるものに夢中になっている子、用意してある楽器を鳴らしてしまう子などさまざまで、全員でまとまって活動をすることがなかなかできませんでした。
　そこで、短いフレーズで、自分の名前を呼ばれてはっと気がつき、そして自分と友達が一緒に活動していることを意識できる活動はないかと考え、この曲を作りました。
　この曲を導入すると、今まで興味や視線をいろいろな方向に向けていた自閉症の子供たちが、握手をする2人だけでなく、全員が何か期待するように中心を向くようになりました。短いフレーズなので自分の番がすぐに回ってくるため、飽きて離席する子も非常に少なくなりました。また、握手する2人がはにかむように笑顔を浮かべていたことを忘れることができません。
　そして、「握手する」という、生活の中でも行なわれる行為を、この曲は歌詞の通りに進めていくと自然に握手ができてしまうという便利さもあります。そのため、改めて言葉で説明する必要もなく、すぐに始められることもよかったのかもしれません。

◎人数　基本的には2人だが、何人でも可能

◎必要な楽器　特になし

◎活動の目的
　療法士の歌に意識を向け、呼ばれた人たちが気持ちを合わせて握手することを経験する。

◎留意点
・療法士や援助者は、「右手を出して」という歌詞に対して、指示的になるよりもさりげなく動作が伴うように援助し、楽しいやりとりの雰囲気を保つことを大事にしたい。
・曲の構成も、参加人数に合わせて臨機応変に変化させるのがよい。

◎活動の進めかた

1）対象児・者が1人もしくは2人の場合
　①1フレーズ目「〇〇ちゃんの右手を出して」で〇〇ちゃんが右手を差し出す。
　②2フレーズ目「△△君（△△先生）の右手を出して」で△△君（△△先生）が右手を出す。
　③3フレーズ目「2人で握手しよう」で握手する。
　④握手に至るまでに時間がかかってしまった場合やその雰囲気をもう少し続けたい時は、同じフレーズを「ラララ……」で繰り返し、最後に「2人で握手したね」または「〇〇ちゃんと△△君（△△先生）で握手」と歌って終わる。

握手しよう (Ⓒ中山晶世)

[楽譜: ○○ちゃんのみぎてをだして— △△くんのみぎてを（△△せんせいの）だして— ふたりであくしゅしよう]

☆間奏の例

[楽譜]

2）多くの人数の対象児・者が握手する場合
　①１フレーズ目「○○ちゃんの右手を出して」で○○ちゃんが右手を出す。
　②２フレーズ目のフレーズを何回も繰り返し（「△△君の右手を出して、□□さんの右手を出して、××先生の右手を出して」……）、呼ばれた人たちが右手を重ねたりつないだりしていく。
　③呼び終わったら３フレーズ目で「５人で握手したね」とか「皆で握手したね」などと歌って終わる。

身体の触れ合い／動き／発散 | 113

『手をつなごう』　臼井裕美子（作詞・作曲）

◎曲の成り立ち
　肢体不自由の成人で、全員が車椅子を使用している人たち6人のグループ・セッションでできた曲です。6人のうちの大半は、知的障害も併せ持つ対象者でした。
　このグループ・セッションの中の1つのプログラムとして、施設の広いホールを、音楽に合わせて車椅子を動かして回る、という活動を行なっていました。車椅子を自分で動かせる人は、張り切って車椅子を動かして楽しんでいました。自分で車椅子を動かすことが難しい人は、施設のスタッフに車椅子を押してもらって、この活動に参加していました。その人たちも、この活動を楽しんではいましたが、より積極的に参加する場面を作る必要性を感じました。
　そこで、お互いが自発的に手をつなぐ、ということそのものを音楽とともに達成できないかと考え、この曲を導入しました。
　車椅子に乗ったままで、全員が手をつないでいくのは、なかなかの難事業でした。施設スタッフがそれぞれの対象者の間に入り、どうにかこうにか手をつなげるまでの間、何度もこの歌を歌いました。なかなか手をつなげないことのもどかしさと、その難しいプロセスも含めて楽しんでしまおうというユーモア精神と、手をつなごうという願いをこめてこの歌を歌う時、皆の気持ちが1つになっていったような気がします。

◎人数　指導者を含めて3～10人くらい

◎必要な楽器　特になし

◎活動の目的
・自発的に行動を調整する。または場面を予測する。音楽や人の動きを手がかりにする。
・人と手をつなぐことに慣れ、人との関わりを楽しむ。

◎活動の進めかた
　この曲を手がかり（合図）にして、お互いが手をつなぎ合えるように接近し、手をつなぐ。

手をつなごう （©臼井裕美子）

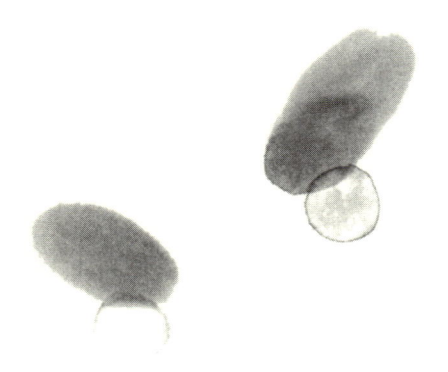

手をつなごう 手をつなごう 手をつなごう 手をつなごう
手をつなごう 手をつなごう 手をつなーごう

身体の触れ合い／動き／発散

『2人で手をたたこう』　中山晶世（作詞・作曲）

◎曲の成り立ち
　この曲は、小学校高学年の自閉症の男の子6人を対象としたグループ・セッションのために作られました。セッションを始めた当初は、1人1人の興味がばらばらで、自分の興味のあるほうにそれぞれ動いてしまうため離席が多く、着席を誘導するのに時間がかかり落ち着いて課題に取り組むことが困難な状況でした。
　そこで、あらかじめ椅子を向かい合わせに設定しておけば、着席した時に自然に人と向かい合い、相手を意識しながら活動できると考え、向かい合って着席した時に手を叩く活動ができるようにとこの曲を作りました。さらに、着席する前に全員で椅子の回りを走り、活動に意識を向けやすくし、ピアノが止まった時に好きな椅子に座り、目の前の人と手を叩くという設定にしました。この方法は彼らにとってわかりやすく、あらかじめ言葉で説明をしなくてもピアノの音と歌を手がかりに動けるようになりました。また、これを何回か繰り返すことによって、いろいろな人と組むことになり、仲間を意識できるようになっていきました。

◎人数　何人でも可能

◎必要な楽器　特になし

◎活動の目的　・ピアノの演奏や歌を聞き分けながら活動に意識を向ける。
　　　　　　　・向かい合った2人が気持ちを合わせて手を叩く経験をする。

◎留意点
・椅子が向かい合っていることを意識できるように背もたれのある椅子を使用する。
・「走る音楽」と「手を叩く音楽」が聞き分けやすいように、ニュアンスやリズムやテンポを変える。
・対象児・者だけではまだ意識が向きにくい場合は、療法士や援助者と組んで「できた経験」を繰り返すことから始める。

◎活動の進めかた
1）2人組を設定する場合
　①走るのに危なくない場所に、参加する人数の椅子を2つずつ向かい合わせに設定する。
　②「走る音楽」が聞こえたら、全員で走る。
　③「走る音楽」が止まり、座る合図の音が聞こえたら、それぞれ椅子に座る。
　④「2人で手を叩こう」に合わせて2人で手を叩く。
　⑤②へ戻り、繰り返す。

2）その他の人数を設定する場合
　①3人組、4人組など、参加人数で割り切れる数にして椅子を設定する。
　②1）と同じ方法で進め、「○人で手を叩こう」と歌詞を変える。椅子に座った人たちは隣同士と手を叩く。

2人で手をたたこう (©中山晶世)

ふたりで て を たたこう ふたりでー
(○にんで)

ふたりでー ふたりで て を たたこう

☆走る音楽の例

「よーい」　(かるく)

身体の触れ合い／動き／発散

『手をふろう!!』　中馬千晶（作詞・作曲）

◎曲の成り立ち
　小学校中学年のグループで楽器活動の他に気分転換になるような活動を取り入れたく、作りました。このグループでは、厳格な模倣をすることが第一の目的ではなく、ラテン系のリズムにのって明るく体をほぐすことに重点をおいていました。また老人を対象にしたセッションでも、座ったままできる軽い体操として使いました。

◎人数　3、4人〜

◎必要な楽器　特にないが、場合によってシェーカーやマラカスを足してもよい

◎活動の目的
・軽い身体運動をする（手を振る、足踏み、ジャンプなど）。
・アイデアを出す、他者のアイデアを模倣する。

◎留意点
・模倣を強制することなく、まずは音楽にのって身体が動けばよい、という目的を設定する必要がある場合もある。
・伴奏のしかた：次のアイデアが出るまで音量に注意して伴奏だけ流すと、きれぎれにならない。また、短いフレーズの繰り返しなので、転調したり、音域や音量を変化させて単調にならない工夫をするとよい。

◎活動の進め方
・最初のうちは、セラピストやスタッフが手拍子などサンプルとして提示する。
・次からは参加者からのアイデアを1人ずつ順番に募り、歌にして全体に反映させる。明確な動きや言語表現されたものだけにこだわらず、参加者のちょっとした仕草をセラピストが拾って全体に反映させるユーモアが活動を活性化させる時もある。

【他の動きの例】（歌詞に合わせてメロディ、リズムは変化させてかまわない）

```
ジャンプ　しょー　よ
あしぶみ　しょー　よ
おしり　　ふろー　よ

かた　まわ　そー　よ
```

その他、「その場でまわろう」「手首まわそう」「ひざ叩こう」「のびをしよう」など。

手をふろう!! (© 中馬千晶)

歌詞:
てを ふろー よ ランー ラ ラー
てを ふろー よ ラ ラ ラ ラン― てを ふろー よ
ラン ラ ラー さ あてを ふろう

sempre

（適宜 繰り返す）

☆参加者からアイデアが出るまでのつなぎの伴奏例

身体の触れ合い／動き／発散 | 119

『すずの曲』　臼井裕美子（作詞・作曲）

◎曲の成り立ち
　子供たちに鈴を持ってもらい、一緒に鳴らしていると、大人も子供も、鈴の音に合わせて歌ったり声を出したりしたくなることがあります。そして、そこに簡単な小さな曲が欲しくなることもあります。そんなリズミカルな口調にのって、この曲が生まれました。
　曲にのって、大人も子供も、一緒に鈴を鳴らすことがもっと楽しくなりました。そのうちに、鈴を振る動作を共有したり、模倣したりする活動へと発展していきました。活発な子供たちのグループでは、鈴を持って踊る活動に発展しました。

◎活動の目的　・音楽に合わせて鈴を振る。拍を共有する。
　　　　　　　・動作模倣、または自由表現。身体イメージを育てる。

◎人数　スタッフを含めて２〜４人くらい。

◎必要な楽器
・鈴。持って動くと可愛らしく見えるようなカラフルなもの（持ち手は、持ちにくくない程度に大きいほうが、見た目にはっきりする。布で筒を作り、綿や芯を詰め、鈴を縫いつけたもの）。

◎活動の進めかた
・子供と向かい合って鈴を持つ。子供の様子に合わせて、鈴を振る動作を共有する。
・複数人いる場合は、半円形になって、リーダーが全体に動作を示しながら動く。

◎留意点
・指導者は、子供と関係を取りやすいように位置する。
・子供の自発的な動きに合わせて展開する。
・グループで行なうときは、リーダーは大まかで単純な動きの反復の呈示を心がける。

すずの曲 (©臼井裕美子)

(歌詞の例) すずを ならそう ラ ラ ラ ラ ラ ラ ラ ラン

シャン シャン シャン シャン シャン シャン シャン シャン

(以下即興)

身体の触れ合い／動き／発散

『歩こう』　水野明子（作詞・作曲）・生野里花（編曲）

◎曲の成り立ち
　子供の音楽療法の中で、歩く、行進するといった活動は多いと思います。それは、歩行困難のある子供の訓練だけでなく、自閉傾向の子供とセラピストが手をつなぎ協同してできる最初の活動であったり、重心が浮いて落ち着きがを失いがちな子供がしっかり地面に足をつけるための活動であったり、グループ皆で楽しく発散するための活動であったりします。もしかすると、全く歩けない子供を抱いたり車椅子に乗せて、動きのダイナミズムを味わわせるための活動であるかもしれません。
　この曲は、そんないろいろなシーンに幅広く使え、なんとも言えず歩くことが楽しくなる曲です。ただきちんと行進するためのマーチではなく、付点を効かせてあることで足どりが軽くなるためかもしれません。後半の「ジャンプ」は必要に応じて使って下さい。

◎人数　歩く目的によって何人でも可能。

◎必要な楽器　特になし

◎活動の目的
・上記のように対象者によって歩く目的は違うが、この曲を使うことによって歩くことを動機づけ、楽しいものにすることができる。

◎留意点
・ピアノはしっかりしたビート感で、速くなりすぎないように弾くこと。
・歌は明るい声で、動きを誘うような感じで歌うこと。

◎活動の進めかた
・多様な目的に応じ、「歩くことは楽しい」という雰囲気を作るように演奏する。
・個人セッションや少人数の時は、セラピストと手をつないで歩くのも楽しいし、子供同士で手をつないでもよい。大人数の時は、1つの輪を描いて歩いてもよいし、部屋中をランダムに歩けるだけの空間認知力があれば、それもよい。ただし、どんな時でも、皆が同じビートを共感していることが鍵。
・「ジャンプ」の部分は、ペアや大人数で向き合って両手をつないで跳んでも楽しい。この部分は歩くビートの2倍のテンポになっているので、着地したあとの静止感を味わうことができる。

歩こう (©水野明子・生野里花)

『あしジャンケン』　千川友子（作詞・作曲）

◎曲の成り立ち
　この曲は、小２～中２の知的障害児・自閉症児６人を対象としたグループ・セッションのために作られました。認知的な活動に自信がなく、緊張して固まってしまう傾向が見られ、また、子供同士の関わりもあまり見られないグループでした。そこで、この活動を導入しました。緊張をほぐす手段として、この曲は遊びの雰囲気を作りだすわらべ歌調になっており、また、曲に合わせてジャンプする動きもジャンケンの前につけました。そして、子供同士の積極的な関わりを促すため、２チーム対抗の設定にし、その結果、思わず大声で応援したり、勝った喜びや負けた悔しさを言葉で分かち合う場面が見られました。

◎人数　理想的には６～８人

◎必要なもの
・タンバリン１つ（審判が場を盛り上げるため）
・たすき２本（出番の子供の意欲や意識を高めるため）
・ホワイトボードとペン（点数表）

◎活動の目的
・ジャンプすることで体の緊張をほぐす。
・仲間を大きな声で応援する。
・向き合うことで人を意識する。
・認知的な苦手意識を軽減する。

◎留意点
　ジャンケンの勝ち負けの理解は、理屈よりも体験で学習させる。認知的な苦手意識をあおるようなプレッシャーは決して与えず、間違いには明るく「惜しいね」と、正解には「すごい！」と常に前向きに接するとよい。

◎活動の進めかた
①グループを２チームに分け、部屋の両脇に向かい合って座らせる。
②子供同士（大人の補助をつけるか、子供のリーダーを作る）でチーム名と出場の順番を決める。
③ホワイトボードに点数表を書く。
④各チームの１番目の子供が前に出る。たすきをかけて代表者としての意識を持たせる。
⑤最初のペアがあしジャンケンで対決する。グーは足を閉じ、パーは足を横に開き、チョキは足を縦に開く。審判（セラピスト）は間に立って一緒にジャンプしながら歌い、タンバリンを叩いてタイミングをはかったりして盛り上げる。
⑥どちらが勝ったのかを、子供が抱えるプレッシャーの度合いに応じて１人もしくは全員に尋ねる。人の名前よりも、グー・チョキ・パーで答えてもらうことで混乱を防ぐことができる。考える時間は、伴奏音をなくすと集中しやすい。
⑦点数を書きこむ。
⑧２番の人たちに子供からたすきを渡してもらう。
⑨各ペアの対決をひと通り終わらせたら、表を見てどちらのチームが勝ったか尋ねる。

あしジャンケン （©千川友子）

♩=ジャンプの速さ

ジャンケン するなら あしジャンケン　ジャンケン するなら
あしジャンケン　　　さいしょは グー　ジャンケン ポイ
　　　　　　　　　　　　　　　　　（あい こで しょ）

身体の触れ合い／動き／発散

『投げちゃえポイポイ』　吉村奈保子（作詞・作曲）

◎曲の成り立ち
　子供たちの持つエネルギーの形は、静かで強いものや激しくて小さかったり、また内にあるパワーが形にならない場合もあります。小学校高学年のエネルギーあふれる男児3人が中心の、6人グループを担当していた時、楽器を持つと大きな音を出すことにのみ関心が向いてしまう傾向が目立っていました。ともすると私たちはすぐにそうした行動を制限したり、制止してしまいがちです。しかし、彼らの中に方向を求めているエネルギーをセラピストがしっかりと受けとめない限り、他の活動に進めない状況にありました。
　できるだけダイナミックな「活動」という形で、子供たちのエネルギーを受けとめようとこの曲を作りました。曲に合わせて丸めた新聞紙をぶつけ合うことで、グループ全体にまとまりのある活気が生まれ、その後に提示した活動にも全体が集中して取り組むようになりました。また、歌いながら行なうことによって、言葉による指示よりもスムーズに自発的な動きを誘導することができました。

◎人数　4人以上の小グループ

◎必要なもの　・新聞紙をちぎって丸めたものか、小さくて柔らかいカラーボール
　　　　　　　・個数は（人数×4）個くらい
　　　　　　　・ボールを片づけるためのカゴ

◎活動の目的　・グループとしてのまとまりを意識する。
　　　　　　　・身体を使って「エネルギーの発散」を体験する。

◎留意点
・「エネルギーの発散」という目的は、単にエネルギーを外に出すこととは異なり、慎重さを要する。出しっぱなしの活動は「混乱」を生み出すだけで、その後の収束への方向付けと形態が用意されていなければ、エネルギーは行き場を失うからである。特に、自己コントロールが困難な子供たちに対しては、明確な意図をもった「混乱状況」を設定することが必要である。こうした活動のあとには、心地よい緊張感が体験できる活動が用意されることによって、初めて「発散」が「解放感」となるように思う。
・楽しく活動するためにはルールが必要である。安全面に留意しながらワクワクするようなスリルを体験するために、ぶつける箇所を顔以外に限定する。

◎活動の進めかた
　曲に合わせて、新聞紙を破り、丸めてボール状にしてぶつけ合いっこをする。充分に楽しんだあと、曲のテンポをゆっくりとバラード風にして、散らばったボールをカゴに片づけていくという構成。対象児の状態に合わせて、曲の長さを調節したり、歌も3番、4番のみで行なうなど、柔軟性を持たせる。
　①新聞紙を1枚ずつ持ち、細かく裂き、両手でギュッギュッと丸める。
　②ルール説明の後、「投げちゃえ」の歌詞に合わせて雪合戦のようにぶつけ合う。
　③活動の締めくくりは、ゆっくりとしたテンポに雰囲気を変え、片付けていく。

投げちゃえポイポイ（© 吉村奈保子）

1. やぶいて やぶいて ビーリ ビリ
2. まるめて まるめて ギュッ ギュッ
3. なげちゃえ なげちゃえ ポイ ポイ
4. ひろって ひろって かたづける

やぶいて やぶいて ビーリ ビリ
まるめて まるめて ギュッ ギュッ
なげちゃえ なげちゃえ ポイ ポイ
ひろって ひろって かたづける

どちぶあ　んどらけ　かつと　やいぶ　をろは　いきれ　て　ろけいに　ビーリ ビリ
ギュッ ギュッ
ポイ ポイ
かたづける

身体の触れ合い／動き／発散

『あいうえおダンス』　岸加代子（作詞・作曲）

◎曲の成り立ち
　この曲は小学生5人のグループ・セッションのために作られました。彼らのうち何人かは、身体の運動調整やバランスをとることを苦手としていました。何人かは体を動かして発散することを欲していました。またある子供は集団参加に苦手意識を抱えていました。これらの問題にアプローチするために、身体の運動機能を向上させ、発散的で、仲間と一緒に抵抗なくできる活動を作りました。集団参加の苦手な子供は文字に強い興味と自信を持っていたので、この曲に「あいうえお」という要素を取り入れました。また、より発散的に感じるように曲全体に躍動感を持たせました。この活動で子供たちは、懸命にポーズをとり、エネルギッシュに体を動かし、一緒になって歌い、積極的な集団参加ができるようになっていきました。

◎人数　セラピストを含め5人程度〜（輪になることができる人数）
　　　　アレンジによっては大人数も可能

◎活動の目的　・身体運動機能の向上。
　　　　　　　・他者との一体感を経験し、人との心理的距離を近づける。

◎留意点
　曲の中だけでポーズをマスターしきれない場合は、活動前にポーズをクライエントと確認するとよい。ただし、訓練的な要素が表面化しないように、楽しく行なうようにする。

◎活動の進めかた
　①「あいうえおのダンスだよ、ラララ……」全員が手をつなぎ輪になって、横にギャロップし、右（左）方向に回る。反対にも回る。
　②「○○ちゃんのポーズは〈あ（いうえお）〉！」1人のスタッフまたはクライエントが、選択したポーズをとる。
　③全員で同じポーズをとる。この時タイミングがそろいにくいので、スタッフの「せーの」というかけ声に続いて、全員で「あ（いうえお）！」と言いながらポーズをとるとよい。

〈あいうえお〉ポーズの一例

「あ」手足を開き大きく伸ばす

「い」直立し手は真横に広げる

「う」体を折り曲げ、腕を縮め、膝を少し屈伸させる

「え」片足立ちでバランスを取る

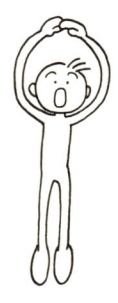

「お」背伸びをし、腕を上に伸ばし円を作る

身体の触れ合い／動き／発散

あいうえおダンス (© 岸加代子)

Allegretto

あいうえお の ダンスだよ ラララララララ ランラララララ

あいうえお の ダンスだよ ラララララララ ラララララ

○ちゃんのポーズは あいうえお！ 「せーの」あいうえお！ あいうえお！

（適宜繰り返す）（終了する場合）

『ジェット・コースター』　　岸加代子（作詞・作曲）

◎**曲の成り立ち**
　この曲は小学校低学年のグループ・セッションのために作られました。子供たちは、注意引き行動や自分の興味から離席するため、活動の最後まで全員で一緒に取り組むことが難しい状態でした。また、他児にあまり関心のないことが共通の問題でした。彼らが夢中になって参加でき、一体感を感じ、他児への興味を広げる活動を考えた時に生まれたのがこの曲です。スリルを感じるジェット・コースターという素材が彼らを積極的に参加させ、体をくっつけあって楽しさを共有した体験が、お互いに関心を持つことにつながっていきました。

◎**人数**　セラピストを含めて6人程度〜。大人数で行なうことも可能。

◎**必要な道具**
・ロープなどの長い輪（乗り物の枠に見立てる、床に置いて使用）
・色板など（座席に見立てる、床に置いて使用）
・あるいは、何も使用しなくてもよい。各々の現場に合わせて効果的に使い分けていただきたい。

◎**活動の目的**　・他者との共感体験を積む。
　　　　　　　　・身体接触を通して、他者との心理的距離を近づける。

◎**留意点**
・セラピストは、本物のジェット・コースターに乗っているように大声を出すなどして、雰囲気を作りあげること。
・音楽がジェット・コースターのスピードを表現しているため、ピアノ担当者は、冒頭部（発進）や accelelando（加速）および ritardando（減速、終着）をそれらしく演奏するように配慮する。

◎**活動の進めかた**
　①全員が、床に同じ方向を向いて一列に座る。この時、足を開脚して伸ばし、前の人に近づいて座るようにする。前の人の腰につかまるように促すが、この時「シートベルトを、カチャ！」などという声かけを用いると、クライエントは自発的に取り組みやすくなる。
　②「出発進行！」などのかけ声で曲を始める。歌いながら、はじめはゆっくりと全員が同じ方向に左右に体を揺らす。曲が速くなるにつれて、激しく揺らす。
　③「右ー！　わー！」と大げさに声を発し、全員同じ方向に体を大きく倒す。「左ー！」と、反対側にも同じように倒れる。これを繰り返す。
　④　②に戻る。または終了する。

ジェット・コースター（©岸加代子）

「出発進行！」などのかけ声で始める

ジェット コースター が ゆくよ　ジェット コースター が ゆくよ

ジェット コースター が ゆくよ　ジェット コースター が ゆくよ

ジェット コースター が ゆくよ　ジェット コースター が …

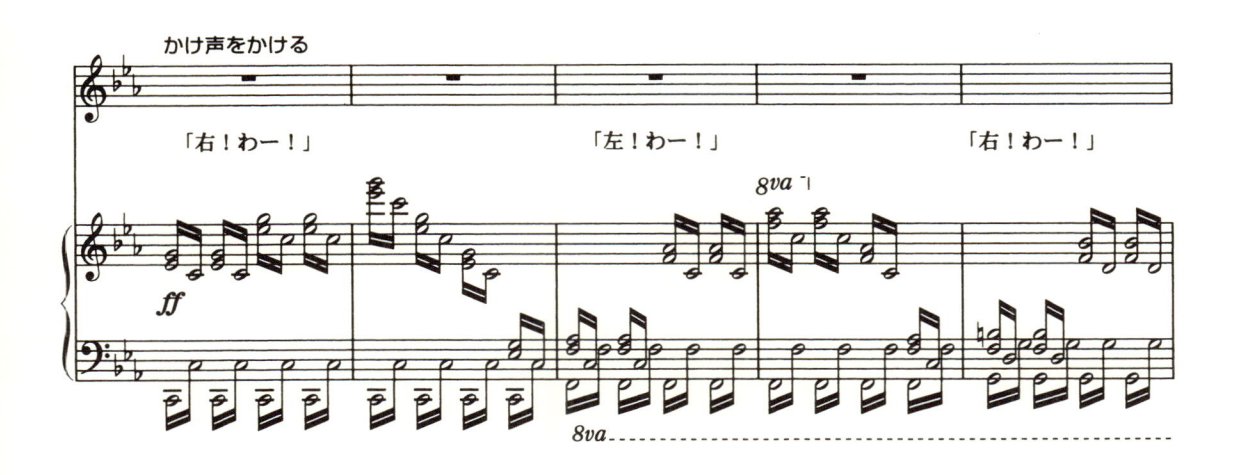

かけ声をかける

「右！わー！」　　「左！わー！」　　「右！わー！」

「左！わー！」

適宜はじめに戻って繰り返す

☆終了する場合

Tempo I

ジェット　コースターが　ゆ　く　よ　　ジェット　コースターが　ゆ　く　よ

身体の触れ合い／動き／発散

『だれかな？』　　水野明子（作詞・作曲）・生野里花（編曲）

◎曲の成り立ち
　最初この曲を水野さんが持ってきた時の驚きは忘れられません。「療法的活動」としての目的がよく理解できず、歌詞のつながりもよくわからなかったからです。しかし使って見ると、たちまちこの曲は、あちこちの子供のグループの人気曲になりました。この曲の前奏が始まると、子供は皆、大喜びでぴょんぴょん踊り始め、「だれかな？」とセラピストに指さされるたびに満面の笑みを浮かべてさらに激しく踊るのです。全体の歌詞のナンセンスささえも、この活動に独特の開放的な気分を与えているようでした。身体運動、発散、模倣、動と静といった点で、異色の地位を築いた活動でした。

◎人数　何人でも可能。全員にリーダー役が回る人数がよいが、あまり少ないより数人以上はいたほうが、楽しい雰囲気が盛り上がる。

◎必要な道具　ボックス、布など「舞台」を示すもの

◎活動の目的
・身体を思いきり動かし、気持ちを発散させること。
・セラピストとアイコンタクトをとること。
・身体ポーズの模倣をする、あるいは模倣のモデルをすること。
・激しく動く／静止するといった身体コントロールをすること。
・ユーモアを楽しむこと。

◎留意点
・ピアノはしっかりしたビート感で、速くなり過ぎないように弾く。
・「ストップ」と「ポーズ」のあとの「間」を効果的に、「静寂を弾く」こと。
・歌は、「だれかな？」「秘密」「内緒」などにちょっとミステリアスな表情をつけて歌い、雰囲気を演出する。

◎活動の進めかた
　①広めの部屋の一角に、ボックスや布などで「舞台」を設ける。ここは最初はセラピスト、2回目からは1人の子供がリーダーをつとめる場所となる。音楽が始まったら、皆てんでに自由に踊る（ほとんどの子供は自然に、縦に跳ねながら踊る動きになる）。
　②セラピスト（またはリーダーの子供）は、「だれかな？」のところで、フロアで踊っている子供の誰か1人と視線を合わせ、指さす（さされたほうは、なぜかどきっとして照れる）。「秘密」の歌詞では人さし指を口に当てるしぐさ、「内緒」では耳に手を当てるしぐさをすると楽しくなる。
　③「回れ回れ……」に入ったら、それまでの動きをやめ、その場でくるくる回り、「ストップ」で静止。これを4回繰り返し、「フフッフー」ではもとの跳ねる動きに戻る。
　④「最後に」の長い音符で全体の注意を「舞台」に向け、セラピスト（またはリーダーの子供）がするポーズを皆で真似する。全員が模倣できるまで待ち、ピアニストがタイミングを見計らって力強いベースで最初の「だれかな？」に戻る合図を入れる。これを子供の順番が終わるまで続ける。

だれかな？（© 水野明子・生野里花）

♩=136 くらい．ビートをはっきり、速すぎないように

（2回目からは繰り返しなし）

だれかな　だれかな
1. ひみつの あるひとー
2. ないしょで おしえてー

まわれ まわれ まわれ まわれ ストップ！　まわれ まわれ まわれ まわれ ストップ！

ストップ！　フフッフー　　さいごに ポーズ

（繰り返す場合）
D.C.

身体の触れ合い／動き／発散

『アラビアン・ダンス』　二俣泉（作詞・作曲）

◎曲の成り立ち
　動き回ってしまいがちな子供を、落ち着いて集中を要する活動に促すための方法の１つとして、「動的活動」をまず導入し、その後に「静的活動」を導入する方法があります。
　この曲は、動き回ってしまいがちな小学生の男の子のグループのために作られました。この曲の場面になると、子供たちは、布をかぶってきゃっきゃっと笑いながら踊り、部屋を走り回りました。その後は、着席して行なう課題にも集中しやすくなるようでした。

◎人数　特に指定はなし

◎必要な道具
　布。生地を扱う店に行くと、半透明の色鮮やかな化繊の布を手に入れることができる。それを子供の身長に合わせて正方形に切る。子供が布をかぶった時に、腰からひざくらいになるくらいのサイズが、動きやすく、見ためも面白く、足をかけて転んだりする危険も少ないように思われる。

◎活動の進めかた
　①対象者の１人が立ち、その場で布をかぶり、踊る（最初の４小節）。
　②布をかぶって、部屋の回りを自由に舞い踊る。ピアノは、それに合わせて即興。
　③踊り手は、次の踊り手に布をかぶせる。かぶせられた人は、①からの手順で踊る。

◎留意点
・この活動を最初に導入する際、指導者がモデリングを行なうと、対象児たちの期待を高めることができるだろう。モデリングの時に、指導者は、踊り子っぽい雰囲気をめいっぱい出して、しなをつくり、色っぽく、感じを出して、舞い踊って見せるとよい。
・布をかぶると視界が少しさえぎられるので、子供が思いっきり走る際に、転んだり、布を足にひっかけて倒れたり、物や人にぶつかったりすることがある。走り回る時には、危険がないように部屋の中の物品の配置に配慮し、転ぶのを未然に防げるよう、常に子供のいる場所の近くに指導者が位置するように気をつける必要がある。

アラビアン・ダンス （©二俣泉）

みなーみのくにの　おどーりこは　ぬのーをかぶって　まいーおどる

子供は布をかぶって自由に踊る
右手は子供の踊りに合わせて自由に即興
左手はずっとのばしたまま

身体の触れ合い／動き／発散

『静かな森の大きな木』　水野明子（原案）／水野明子・生野里花（作詞・作曲）

◎曲の成り立ち
　大きな緑色の布を皆で持ち、静かで落ち着いた雰囲気を共感する活動として作られました。自閉傾向など協同作業の苦手な子供たちも、布の周りに集まるのは大好きです。最初は皆で布を共有できることが主な課題でしたが、次第に後半のソロの部分を入れ、1人ずつの自己表現も組み込んでいきました。
　どこの国のどこの森だかわからないけれど、なんとも言えないミステリアスな民俗調の雰囲気がどんな表現でも受け取ってくれる、懐の深い活動です。

◎人数　布と部屋の大きさにもよるが、あまり窮屈にならず、布の周りを持って自由に歩ける人数。あまり人が多いと静けさが損なわれる。多くて8人くらい。

◎必要な楽器と道具
・タンバリン
・全員で持つ大きな布（丈夫でふわりと宙に浮く、色のきれいなもの。リトミック用品などとしても市販されている）
・1人で持つ小さな布

◎活動の目的
・1つの空間、1つの音楽、1つの動き、1枚の布を共有し、協同活動をする。
・心と身体を鎮める。
・自己表現をすること、仲間の自己表現を受け取る。
・活動の構造（全員―ソロ）を理解する。

◎留意点
・布を引っぱったり、たぐりよせたりといった行動が出ても、静かな雰囲気を壊すような注意のしかたをせず、布と音楽の大きさの中に包み込んでいくこと。

◎活動の進めかた
　①布の登場自体が興奮と混乱を呼ぶことがあるので、まず静かな雰囲気を作ってから布を広げる。全員で均等になるように周りを持って立つ。
　②A セラピストが先導し、最初は曲に合わせて布を静かに揺らしたり、上げ下げしたりといった、その場から移動しない動きをする。注目を集めるために効果があれば、布の真ん中に風船や紙ナプキンなどを置いてもよい。その場にいるスタッフはピアノと声（2声）を効果的に使って、部屋全体を包み込むような感じで演奏する。
　③B 布に慣れてきたら、そっと横歩きの移動を先導し、「ぐるぐる回れ」に入る。もしここで興奮してしまったら、再び「静かな森の……」のセクションに戻るとよい。
　④C ここまでの全体での活動が落ち着いてできるようになってきたら、「○○ちゃんが」のセクションを導入する。この時は、大きな布をセラピストが一度丸めて持ち、代わりに、できれば同じ色と材質の小さい布を1人の子供に渡す。他児はセラピストと共に椅子や隅に退き、ソロを踊る子供の場所を作る。

⑤ソロの準備ができたら、ピアニストはオスティナートを弾き始め、セラピストが右手で、あるいはもう1人のセラピストがタンバリンを同じリズムで叩く。「○○ちゃんが」の歌詞を歌いかけ、動きを促しながら、他児と一緒にいるセラピストは、必要があれば一緒に踊ってもよい。動きが活発になってきたら、タンバリンのトレモロを入れたり、ピアニストがオブリガートを歌ったり、テンポを速めたりして即興的に盛り上げていく。「そしてストップ」のところは、音量、テンポともに下げて、落ち着く方向へと促す。

⑥ A すぐに伴奏は「静かな森の」のパターンを弾き始めて雰囲気を変え、全体の動きに戻っていく。座って見ていた全員が立ち上がって大きな布を広げて持つ準備が整うまで、ピアノで雰囲気をつなげる。

⑦ A B C の構成は子供の様子を見ながら適宜繰り返して、全員がソロを踊るようにしていく。全部の活動を終わる時は、 A 「静かな森の」のセクションで落ち着かせて終わるのがよい。

身体の触れ合い／動き／発散

静かな森の大きな木 （© 水野明子・生野里花）

A ♩=92くらい，ゆったりと包み込むように

しずかな もりの おおきなき
ゆれる ゆれる かぜと と もに
ゆれる ゆれ る と もに

rit.
Fine
(simile)

B ♩=68くらい

ぐるぐるぐるぐる ぐるぐるまわれ ぐるぐるぐるぐる ぐるぐるまわれ

rit.

ぐるぐるぐるぐる　ぐるぐるまわれ　そして　ストップ

D.C.

C ♩=92くらいから．子供の動きに合わせて適宜変化させていく．繰り返しも状況に応じて．

タンバリン

impro.

○○ちゃんが○○ちゃんが　○○ちゃんがおどる　○○ちゃんが○○ちゃんが

impro.（声でオブリガードなども入れる）

○○ちゃんがおどる　○○ちゃんが○○ちゃんが　○○ちゃんがおどる　そして　ストップ

rit.

（適宜繰り返し）
D.C.

身体の触れ合い／動き／発散

♣ 遊びながら……

『ハイ！ たべちゃった』 岸加代子・中山晶世（作詞）／岸加代子（作曲）

◎曲の成り立ち
　この曲は、小学校低学年の小人数のグループ・セッションのために作られました。彼らは、集中力に欠け、大人とコミュニケーションはとれても他児にはあまり関心が向いていませんでした。そして、言葉より見る刺激のほうがわかりやすい子供たちでした。そのためにこの活動は、彼らの注意が持続しやすいように、絵描き歌になっています。歌詞は、子供たちが具体的にイメージできる身近な食べ物を用いました。できあがったそれぞれの顔の表情の違いや面白さが魅力となり、彼らは、自分の作品を最後まで集中して書き上げ、また、他児の作品を通して、それを描いた相手にも興味を示すようになりました。

◎活動の目的
・集中を持続する。他児に興味を持つ。
・他児やセラピストが歌い、自分が描くという人との共同作業を経験する。
・できあがった作品を他者と共感する。

◎留意点
・絵描き歌の雰囲気を保つためには、ピアノ伴奏を入れなくてもよい。各々の現場に合わせて効果的に選択していただきたい。
・長丸顔やごま塩おむすびなどといったアイデアを取り入れることで、よりユニークな作品ができあがる。
・子供が描く速さに合わせて行なうこと。

◎活動の進めかた

① 「まあるいお皿がありまして」

② 「スパゲッティをのせちゃった」

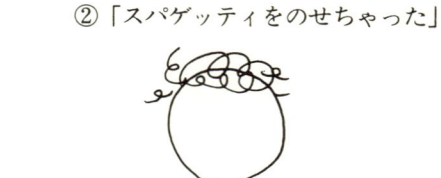

③ 「ギョウザが２つ、ウィンナーが２つ、目玉焼が２つ」

④ 「おにぎりにぎって」

⑤ 「ハイ！　たべちゃった」

ハイ！たべちゃった （© 岸加代子・中山晶世）

まーるいおさらがありまして　スパゲッティをのせちゃった　ぎょうざがふたつ　ぎょうざがふたつ　ウィンナーがふたつ　ウィンナーがふたつ　めだまやきがふたつ　めだまやきがふたつ　おにぎりにぎって　ハイたべちゃった　チャンチャン

遊びながら……

『2つ合わせてみたら……』　千川友子（作詞・作曲）

◎曲の成り立ち
　この曲は、小・中学生5人を対象としたグループ・セッションのために作られました。子供たちは、イメージしたことや抽象的なことを言葉で表現することが苦手でした。そこに達するまでの最初の段階として、絵を見ながらイメージをわかせて楽しむゲームを考えました。このグループの子供たちにとって簡単にイメージできるものと言えば、食べ物でした。そこで、1つの食べ物をただイメージするのではなく、2つの組み合わせをイメージして「気持ち悪い」と思いながらも笑ってしまったり「おいしそう」と笑みを浮かべるようなユーモアを取り入れてみました。この曲自体にも、アイロニーで正当化したエンディングなどが取り入れられ、ユーモアを強調する構造となっています。

◎人数　2人ずつ

◎必要なもの　絵カード

◎活動の目的　・イメージすることを楽しむ。
　　　　　　　・イメージしたことへの気持ちを言語化する。

◎留意点　・なかには本当に気持ち悪がって嫌がる子もいるので、気持ち悪さを加減する。意図的においしそうな組み合わせを作るのもよい。
　　　　　・セラピストは真面目な顔で歌うと、面白さが倍増する。

◎活動の進めかた
　①絵カードをAグループ（ご飯）とBグループ（お菓子）に分けてテーブルに並べる。こうすると、たいてい、組み合わせが気持ち悪くなる。おいしそうな組み合わせがほしい場合は、両方をご飯だけかお菓子だけにするとよい。
　②グループによっては、好きな食べ物を絵に描く作業の時間を作ってもよいだろう。
　③1人の子供にAグループから1枚、もう1人の子にBグループから1枚のカードを選んでもらい、セラピストにそっと渡してもらう。
　④歌で発表する。
　⑤その組み合わせをどう思ったか、自由に語し合う。

2つ合わせてみたら……　(© 千川友子)

♩ = 110

○ちゃんが えらんだ ☆なっとう（なっとう！）

△ちゃんが えらんだ ☆チョコレート（チョコレート！）

ふたつ 合わせて みたら…… ☆なっとう チョコ レート

☆部分の歌詞が適宜変わる

遊びながら……　| 147

『ぶたさん　ぶうぶう　こんにちは』　臼井裕美子（作詞・作曲）

◎曲の成り立ち

　知的に遅れのある子供3人のグループでできた曲です。注意の焦点が定まりにくい子供たちが、目の前の指導者に注意を向け、1つの活動を共有できることを願って考えました。子供たちが歌を覚えたり歌ったりしやすいように、歌詞には、「○○ちゃん（呼名）」、「こんにちは」、「ぶたさん」、「ぶうぶう」など、子供たちにとって身近だったり発音しやすいものを使いました。

　大人が、可愛らしいピンク色のぶたのパペット（手はめ縫いぐるみ）を手にはめ、子供たち1人1人に関わりながらこの曲を歌い、その後は遊びのような雰囲気で子供に自由に扱ってもらいました。そうすることで、子供たちの人形の扱い方を観察し、子供たちの興味や物の扱い方を知ることができました。

　子供たちは「ぶたさん」をとてもよく見ることができました。にこにこしながら人形に手を伸ばす子。人形を自分の手にはめて「こんにちは」と言いながら自分に向けておじぎをさせ、同時に自分も首を傾け、可愛らしい姿を見せてくれる子。また、人形をはめた手の反対の手に鈴を持ち、「パタパタパタ……」と言いながら鈴を何かに見たて、ぶたが空を飛ぶように動かし、見たて遊びの芽生えを示す子もいました。

　グループの楽器活動では子供の反応が限定されがちなのに比べ、この活動では、子供たちの日常に近い形で子供たちの姿を見ることができました。このことは、この活動のもう1つの利点だったのではないかと思います。

◎人数　1人～3人くらい

◎活動の目的　・事物への注目、注意の共有。歌、遊びに参加する。
　　　　　　　・人形遊び（見たて遊び）。

◎必要な道具　手にはめて動かせる人形、縫いぐるみ。

◎活動の進めかた

　①子供たちは集まって座る。リーダーは、子供が注意を向けやすいように工夫しながら、手にはめたパペットを登場させ、可愛らしく動かす。「こんにちは」など、お喋りさせながら1人1人に近づけ、関わる。

　②子供たちが「ぶたさん」に注意を向けた時点で、全員に対してこの曲を歌い、「○○ちゃんと」のところで1人の子供に近づき、「こんにちは」をする。

　③子供が「ぶたさん」に興味を持った時点で、子供にパペットを渡し、自由に扱わせる。子供の扱いに合わせ、オノマトペや鳴き真似などを入れながら遊ぶ。

◎留意点

・子供の興味・注意に合わせて興味を引き出しながら自由に活動を展開する。
・子供たちが「ぶたさん」に「こんにちは」を言いたい気持ちが高まるように、最後の「こんにちは」のところなどで少し間を作るなどの工夫をする。

ぶたさん ぶうぶう こんにちは (©臼井裕美子)

ぶた さん ぶた さん ぶう ぶう ぶう

○○○ちゃん と こんにちは

遊びながら……

『楽器の音あて』　生野里花（作詞・作曲）

◎曲の成り立ち
　音楽療法に数年参加していろいろな楽器を知っている軽度発達遅滞の子供たちに、耳をすませて感覚と思考を集中してもらうことを考えて作りました。特に中に1人、心的緊張から大きな声で喋っていないと落ち着けない子供がいたので、静寂の中でも少しずつ自信を持てるようにということも考えました。
　集中、思考などは、発達に遅れのある子供にとってはストレスもたまりやすい活動なので、音楽は柔らかく心を和ませるようなものを意図しました。

◎人数　
何人でもできるが、できれば全員に答える番が回ってくる人数がよい。

◎必要な楽器と道具
・音質があまり似ていない小さめの楽器いろいろ（例：カバサ、アゴゴウッド、木魚、トライアングル、ハンドドラム、ギロ、鈴、クラベス、フィンガーシンバルなど）
・楽器を入れる箱かカゴ
・目隠しになる小さなつい立てなど

◎活動の目的　
・聴覚を集中させて音を聞きとる。
・目に見えないものを頭の中で想像する。
・静寂の中でじっくり考える。

◎留意点
・ピアノや歌を優しく語りかけるような調子で演奏し、過度に緊張させないようにする。
・正解が出なくても失敗感を抱かせないように、一方であきらめずに繰り返して考えることを促すように、言葉のかけかたを工夫する。
・グループの中には全部わかってしまう子供や、なかなかわからない子供がいるが、当てられている子供が自分のペースで落ち着いて考え、間違えながらでもゆっくり答えられるような雰囲気を作る。

◎活動の進めかた
　まず子供たちの目の前で使う楽器を1つずつ鳴らして、はっきり見せながらカゴなどに入れる。それを持って少し遠くへ行き、小さなつい立てなどでカゴを子供たちの視野から隠す。
　歌を始め、楽器の音を鳴らす。手の動きは隠していても、子供たちと視線でコミュニケーションをとり、注意をそらさないようにする。
　子供たちの表情から、わかった子供とわからない子供を見分け、なるべく正解を言えそうな子供を当てる。
　楽器の名称を覚えることが目的ではないので、場合によってはカゴを再び子供たちのところへ持っていって、答えの楽器を指さしてもらったり、絵（写真）、カードから選んでもらってもよい。

楽器の音あて (© 生野里花)

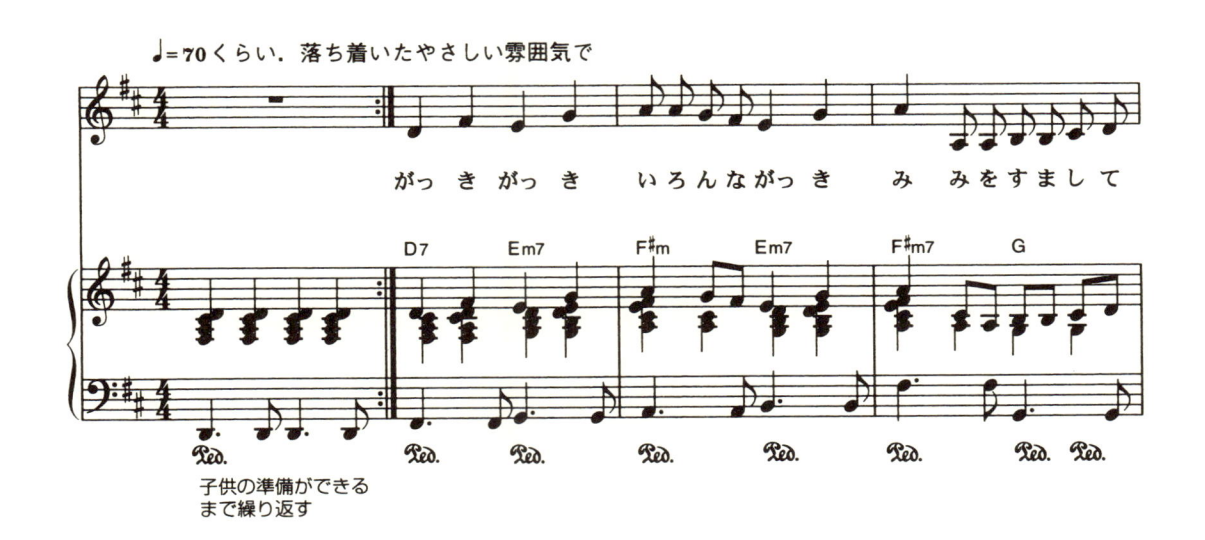

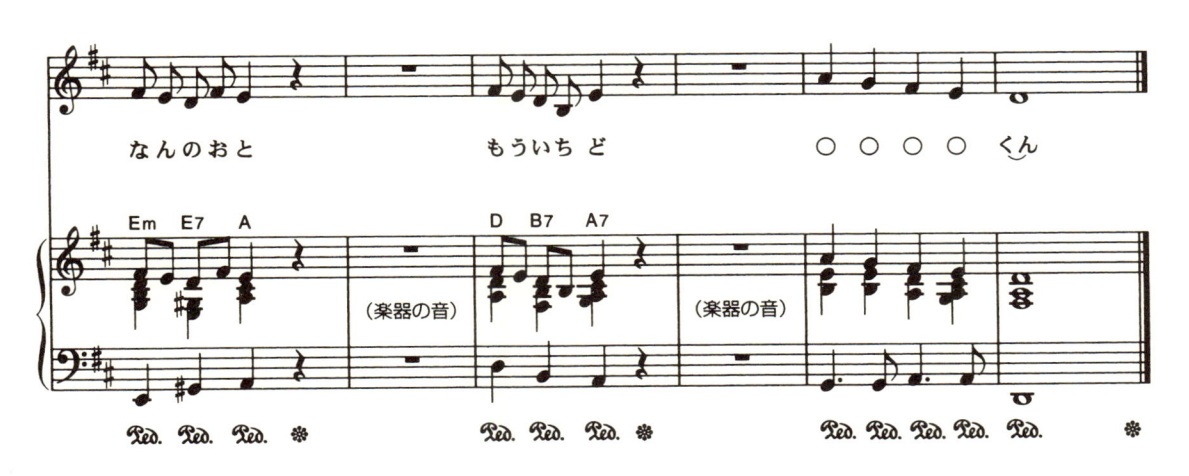

♩=70 くらい．落ち着いたやさしい雰囲気で

がっき がっき　いろんながっき　みみをすまして

子供の準備ができるまで繰り返す

なんのおと　　もういちど　　○○○○くん

（楽器の音）　　　　（楽器の音）

遊びながら……

『これはなあに』　臼井裕美子（作詞・作曲）

◎曲の成り立ち

　知的に遅れのある子供3人のグループでできた曲です。3人とも、人への関心はあるのですが、指導者に注意を向けたり1つの活動に集中したりするのに難しいところがあり、3人が何か1つの活動に取り組み、共通の課題を達成することが難しいグループでした。そこで、3人が目の前の指導者に注意を向け、1つの活動を共有するような活動が必要でした。

　子供の1人に、アンパンマンなどのキャラクターを見ると、それを指さして、その名前を大人に言ってもらうのが大好きな子がいました。そこで、身の回りにある物の名前に気づき、その名前を覚えること、そして、「これ」「なあに」などの言葉の理解と使用の機会になればと思い、この曲を作りました。

　この曲は、当初、「ぶたさんぶうぶう」（前ページ参照）の続きとして、ぶたの人形と楽器を組みあわせた活動として考えていました（「ぶたさんぶうぶう」でぶたの人形を出し、そのぶたの人形が、いろいろな楽器を様々に動かしながら「これはなあに」と尋ねる、というように）。しかし、この曲を作った時点では、このグループの子供たちは、ぶたの人形とその他の物品を同時に提示すると、ぶたの人形にも物品にも注意が向けられなくなってしまうようでした。そこで、ぶたの人形は出さず、指導者自身が物品（楽器）を操作して歌って見せました。すると、子供たちは楽器に手を伸ばし、自分なりの方法で楽器を観察したり大人のしぐさを真似したりしました。

　歌詞の意味がわかる子供は、歌のかけ合いに参加することがとても嬉しい様子でした。

◎人数　　1人～3人くらい

◎必要な楽器　　タンバリン、鈴、アゴゴ、カバサなど、身近な物に見たてやすい楽器

◎活動の目的　・人が何かを扱うところに注意を向け、見る。共有する。
　　　　　　　・楽器を自分なりに扱い、じっくり観察する。
　　　　　　　・見たて遊び。名詞、動作語の理解と使用。

◎活動の進めかた
　（タンバリンを用いた例）
　①タンバリンを1つ取り出しながら、「これはなぁに？」と見せる。曲の「これ、××」の××の箇所で、タンバリンを叩く。
　②タンバリンを「帽子」に見たて、頭に被って見せる。「ちがいます」と歌う。以下同様に、「お皿」に見たて、食べるフリをする。「ベル」に見たて、手に持って振る。
　③子供が自分なりに観察したり扱ったりする様子に合わせ、それに沿って活動を展開する。

◎留意点

　歌を始める前に、子供の人や物との関わりの様子を観察し、子供の興味に沿って遊びのきっかけをつかみ、活動を展開する。

これはなあに (©臼井裕美子)

これはなあに? これ これ こ
れはなあに これ これこれは

遊びながら…… 153

(子供たち)
ぼうし　ちがいます　おさら？　ちがいます　ベル？　ちがいます　これはなに？
(子供たち　名称を答える)

「○○ちゃん　ピンポーン！あたり！」
「みんなで言ってみよう」
「ラッパ！」

(全員)
ラッパ！　ラッパ！　ラッパ！　ラッパ！
カバ　サン
タンバす　リンず

これは　ラッパ！
(楽器の音を出す)

『楽器の宅急便』　生野里花（作詞・作曲）

◎曲の成り立ち
　軽度から中度の発達障害の小中学生8人が混合したグループのために作りました。
　思考力を使う、自分たちで考えて行動するということのほかに、子供同士でお互いの力量を理解して協力する、手の細かい作業をするということをメインに考えました。

◎人数　何人でもできるが、できればペアで行なう順番が全員に当たる人数がよい。

◎必要な楽器と道具
- 材質（木、金、革など）、形（丸、三角、二つに分かれているなど）、演奏方法（手で叩く、バチで叩く、振る、吹く、こするなど）など、出題の条件に合う小楽器いろいろ。
- ボックス、ロープなど部屋全体にサーキットを作れるもの
- 2人でかつぐ棒、持ち手のついた袋
- カード

◎活動の目的
- カードに書かれた条件を読み、理解し、適合する楽器を選択する思考力を育てる。
- ペアの子供同士がお互いの力量（考える力、走る速さなど）を理解して協力する。
- 手先の細かい作業をする。
- 他児の活動を見守り、応援する。

◎留意点
- ペアを作る時には、認知・運動などの能力差を考え、助け合えるような2人を選ぶ。
- 広い空間を使う活動なので、全体の注意が散らないよう注意する。
- 器材の上を走ったりするので、事故のないよう配慮する。

◎活動の進めかた
　①広い部屋であれば一直線の、狭い部屋であれば曲線にして距離をかせいだサーキットを作る。ロープのようなものでも、ボックスを並べたようなものでもよいが、行って帰ってくる道筋にする。向こう側に、上記のような楽器と、条件を書いたカード（「木のもの」「丸いもの」「バチで叩くもの」など）を置く。子供たちと一緒に準備してもよい。
　②2人の子供がペアになり、持ち手のついた袋を棒に通して2人でかつぎ、音楽に合わせて出発する。
　③楽器のある場所に着いたら、カードを読み上げ、2人で相談してそれに合った楽器（複数用意してある）を選び、袋に入れる。この時、棒から袋を取る、中に楽器を入れる、また袋を通して2人でかつぐという手先の作業が必要になる。
　④準備ができたら、2人は「エサホサ」の部分にのせて帰ってくる。そして、カードの条件と、持ってきた楽器を待っている子供に披露し、鳴らして見せる。
　⑤ひとわたりペアが行って帰ってきたら、皆で輪になって、それぞれが持ち帰った楽器を鳴らしながら「みんなで鳴らしましょう」の部分を歌う。この時、「木のもの」「丸いもの」など条件を歌詞に入れて、ソロ演奏を作ってもよい。

楽器の宅急便 (© 生野里花)

♩=120 くらい．ビートを明確に．楽しく

② 2人の子供が棒に通した袋をかついでサーキットを走っていく．楽器のあるところに着くまで繰り返す．

がっきのがっきのたっきゅうびん！

だいじながっきをはこびます　はこびます

③楽器のある場所に子供が着いたら楽器群と共に置かれているカードを読む
「木のもの」
「丸いもの」
「バチで叩くもの」
など（２つ以上の条件を組み合わせてもよい）

④サーキットを走って戻る

待っている子供たちの前で運んできたものを披露する

選んで袋に入れ、棒に通して２人でかつぐ

エサホサエサホサ　とうちゃくです

戻ってくるまで繰り返す

D.C.

⑤ひとわたり子供たちが行って戻ってきたら、集まった楽器を鳴らす

Coda

みんなでみんなで　ならしましょう　みんなでみんなで　ならしましょう　おしまい！
木のもの木のもの　　　　　　　　丸いもの丸いもの

カードに書かれている条件を歌詞に適当に入れてもよい

適当なところで次のコーダに進む

遊びながら……　157

『楽器屋さんゲーム』　二俣泉（作）

◎活動の成り立ち
　コミュニケーションや言語に遅れのある子供にとって、自分の好きなものを「選ぶ」ことや、人と関わる方法、他者に自分のやりたいこと、したいこと、ほしいものを「要求する」方法が学習されていくことは、非常に重要なことです。「選ぶ」こと、「要求する」ことは、主体的に生きる上で欠かせない技能ではないでしょうか。
　「楽器屋」という設定は、子供にわかりやすく、しかも楽しく、「選ぶ」こと、「要求する」ことを学ぶ格好の題材になります。

◎人数　特に指定はなし

◎必要な道具　人数分の楽器、机

◎活動の進めかた

1）要求に関する行動を目標にする場合
　セッション室内の一角に、机を置く。その上に楽器を数種並べておく。机の向こう側には、療法士がいる。ここが「楽器屋」になり、ここにいる療法士が楽器屋さんの店員の役をする。
　①対象児・者は、「楽器屋」に行き、店員役の療法士に楽器を何らかの形で要求する。
　②店員役の療法士が、対象児・者に要求された楽器を渡す（その時「はい、どうぞ。毎度どうも！」などと言ってもよいだろう）。
　③対象児・者は戻る。
　④グループ・セッションの場合、他の対象児、①からの手順をたどる。
　⑤もらった楽器を用いて合奏を行なう（このあと、161頁の『楽器とりゲーム』を導入してもよい）。

　上記の手順の②の部分「対象児・者が要求する」課題としては、療法の目的に合わせて、以下のいくつかのヴァリエーションが考えられる。

　ⓐ指さし、カードの選択などで要求する
　対象者の水準に合わせ、以下のような方法が考えられる。
・言語で要求することが難しい対象児・者に関しては、その物品を指さしする。
・楽器の絵（または楽器の写真）のカードを用意しておき、あてはまるカードを選んで店員に渡す。
・プラスチックの透明な箱を2個用意し、そこにそれぞれ楽器を入れる。対象者は、いずれかの箱をどんどんと叩くことで、選択する（両方に楽器が入っていると選択が難しい対象者の場合は、2個の箱のうち、一方にだけ入れて選択してもらう）。

　ⓑ言語で要求する
　「言語で要求する」課題に関しては、対象児・者に合わせて、目指す水準を検討する必

要がある。発声はあるが、はっきりした言葉は出ない、という対象児・者の場合、②の部分は「発声」することのみを当面の目標にするのがよいかもしれない。その場面で要求としての発声が確実になってきたら、次の段階に移行していくことができるだろう。その例を以下に示す。上記の手順の②の部分を、より細かくした手順である。

　②―a　対象児・者は、「楽器屋」に行く。
　②―b　店員役の療法士（またはもう1人の療法士）は、対象児・者に、発する言語のモデル（お手本）を言う。「ちょうだい」とか「とって」など、対象児に言いやすいと思われる言葉、または現在ある発声のレパートリーに近く、状況に合った適切な言葉を選ぶとよい。
　②―c　対象児・者は、店員役の療法士に、モデルに示された言葉で要求する。最初から正しい模倣ができない場合は、モデルに少しでも似ていたり、一部でも模倣ができたことでOKにする。その後、徐々にモデルにより近い発声まで、達成の基準を上げていく。
　②―d　店員役の療法士は、対象児・者に要求された楽器を渡す。対象児・者が言えるようになってきたら、療法士は、モデルの声を小さくしていったり、一部にしていったり（「ちょうだい」→「ちょうだ……」→「ちょ……」）しながら、次第にモデルをなくしていき、最終的には対象児・者だけの力でできるように導くことが大切である。あるいは、モデルを提示するのを少し待ってみて、出てこない場合に少しだけモデルを出す、というやりかたもある。

　要求が言えるようになってきたら、対象児・者の好きな楽器の名前を言ってもらう、という課題を付け加えることができる（例えば、最初はまず、対象児・者「タンバリン」と言ってもらう。それができるようになったら、「タンバリン、ちょうだい」という2つの語を組み合わせた形を目標にすることもできる）。これらの課題は、上に述べたのと同様、モデルの提示とその除去の要領で、指導を進めていくとよいかもしれない。

　言語で要求できるようになったら、③のあとに、対象児・者に「ありがとう」と言ってもらう、という課題も設定できる。

2）数に関する目標の場合

　ⓐ音声言語による指示
　この場面で、数に関する課題を設定し、楽器屋の店員役の療法士とのやりとりをする設定も可能である。
　①対象児・者は、プラスチックのポーカーチップの入った箱を持ち、楽器屋に行く。
　②対象児・者は言語で（または指さしその他の方法で）楽器を要求する。
　③店員役の療法士が、「3です」とか「値段は3枚です」などと言う。
　④対象児・者は、プラスチックのポーカーチップを数え、それを店員役の療法士に渡す。
　⑤店員役の療法士は、数を確認する（間違っていた場合、対象児・者のその時点での目標に
　　合わせて、対象児・者に修正を促すこともある）。要求された楽器を対象児・者に手渡す
　　（「はい、確かに。毎度ありがとうございます」などと言ってもよい）。
　⑥対象児・者は戻る。

　③の店員役の教示は、対象児・者のできること、わかること、療法の目的に合わせて、以下のようなヴァリエーションもありうる。

遊びながら……　｜　159

ⓑアラビア数字の書いてあるカードを用いる
　対象児・者のアラビア数字の書いてあるカード（例えば「3」と大きく書いてあるカード）を見せる設定にもできる。

　ⓒ数を表す円を描いてあるカードを用いる
　音声言語やアラビア数字での指示では遂行の難しい対象児・者の場合は、ポーカーチップと同じサイズの円を値段分書かれたカードを示す方法がある。対象児・者は、カード上の円の上にポーカー・チップを置き、それを店員役の療法士に渡す。そのようなやりとりの中で、療法士と一緒に数を数えたりするのもよいだろう。

『楽器とりゲーム』　二俣泉（作）

◎活動の成り立ち
　児童の音楽療法でよく用いられる活動です。発達障害の成人のグループや、健常者を対象としたレクリエーションなどでも、雰囲気が楽しく盛り上がる活動になります。

◎人数　4人〜10人程度まで（機能レベルが高い参加者ならば、もっと多くの人数でも可能）

◎必要な楽器
　原則としては、いろいろな種類の打楽器類（シェーカー、マラカス、カスタネット、ウッドブロック、クラベス等）。全員が鳴らした時に、他の楽器の音を打ち消してしまうような楽器（シンバルなど）は避けたほうがよいかもしれない。

◎活動の進めかた

パターン(1)
　①フラフープ（ロープを丸くしたものでもよい）を床に置き、その中に楽器（人数分）を置く。
　②参加者は、ピアノで奏されるリズミカルな音楽に合わせて、フラフープの周囲を歩いていく。その時のピアノの音楽は、即興でもよいし、『ロンドン橋落ちる』や久石譲作曲の『さんぽ』（映画「となりのトトロ」の音楽）などもよい。
　③ピアノの音が突然止まる。参加者は急いで好きな楽器を取る。
　④すぐに皆で楽器を鳴らす（その時のピアノの音楽としては、106頁掲載の曲『みんな一緒に』や104頁の『Cha Cha Cha』などを用いるとよいだろう）。
　⑤1曲終了したら、楽器をフラフープの中に戻し、②からの手順を繰り返す。

パターン(2)
　①椅子を丸く並べておく。
　②『楽器屋さんゲーム』（158頁参照）で、各参加者が楽器を手に入れ、各自の席に座る。
　③ピアノの音楽（『みんな一緒に』『Cha Cha Cha』など）に合わせて楽器を鳴らす。
　④曲が終了したら、楽器を椅子に置き、ピアノで奏されるリズミカルな音楽に合わせて、丸く並べた椅子の周囲を自由に歩いていく。
　⑤ピアノの音が突然止まる。参加者は急いで好きな楽器を取り、その椅子に座る。
　⑥③からの手順を繰り返す。

◎留意点
　パターン(1)(2)のいずれの場合も、参加者が歩く時のピアノの伴奏次第で、活動の雰囲気をさらに盛り上げることができる。
　活動を楽しくするためのピアノの弾きかたのアイデアとしては――

　①対象者の様子を見ながら、だんだん早くしていく。ピアノのテンポを少し遅くして音楽が終わる……とフェイントをかけてそのまま音楽を弾く。

②対象者の様子を見ながら、だんだん早くしていく。突然、音楽を止め、「反対まわり！」と指示を出す。

　スリルを楽しむことができ、勝ち負けが理解できる対象者の場合は、楽器の数を1つずつ減らしていく（椅子とりゲームの要領）でやっても面白い。

♣ 活動のおわりに

『そろそろバイバイ』　薫ロビンズ（作詞・作曲）

◎曲の成り立ち

　この曲はグループの中から即興で生まれました。このグループは当時全員4歳の、それぞれに異なった障害をもったわんぱく坊主3人から成っており、それぞれのすさまじい騒ぎぶりとは対照的に互いが関係し合うことに困難をもつグループでした。この中の1人の子供は、即興で新しく生まれる音楽に抵抗を示しており、知っている歌を次から次へと持ち込んでは、なんとかその場を自分にとってわかりやすいものにしようとしていました。この子供がある日突然、限られたボキャブラリーを駆使して「そろそろバイバイ」というフレーズを自分から作って口にしました。中間色を示す言葉を使うことの難しい子供たちですから、この「そろそろ」という言葉を使ったことと、これをさらに「バイバイ」という言葉に自分からつなげたことに私はとても驚きました。ちょうどそろそろ終わりにする時間になっていましたし、私はすぐさまこれを音にしました。するとこの子供は、自分が口にした言葉がそのまま音になったことが面白かったのか、あれだけ即興に抵抗を示していたにもかかわらず、それまでやっていたことを投げ出して他の2人と一緒になって飛び出してきました。部屋にいたあと2人のセラピストも加わって、皆でジャンプが始まりました。以来、この曲はこのグループのシンボルのような存在になり、皆が1つになれる活動としての拠点の役割を果たしました。

◎人数　特に制限はなし

◎必要な楽器　特になし。以下に記すようにタンバリン等を使うこともできる。

◎留意点

　言語のあるグループでは名前のところを敢えて空白にし、子供に言うのに任せるとよい。この場合「バイバイ」のあとでピタッと音楽を止めて待つのがポイント。言語のない子供達の場合には、「バイバイ」のところでタンバリン等を使って子供の自発的な参加を励ましたり、セラピストが軽く子供の体の一部を叩いてやったりすることもできる。

そろそろバイバイ (©薫ロビンス)

明るく

そろそろバイバイ　　そろそろ バイバイ　　バイバイ ○ ちゃん バイバイ ○ ちゃん

バイバイ○ちゃんバイバイ○ちゃんバイバイ　バイバイ またらい しゅう

自由に即興

活動のおわりに

『さようなら』　生野里花（作詞・作曲）

◎曲の成り立ち
　ある中度の発達遅滞児の小グループと新年度を迎える前夜、「あの子供たちと、明日からどんなセッションをしていきたいだろう」と自分に問いかけながら書きました。私の心に浮かんだのは、セッションの終わりをきちんと提示するという挨拶の曲の役目を果たしながらも、愛情をいっぱいに降りそそいで、流れるような優しい雰囲気で送りだしたいということでした。
　実際のセッションでは、子供は1人ずつ立ってコセラピストと両手をつなぎ、揺れながら歌うという展開になり、皆、自分の番を楽しみに待っていました。最後のピアノの音階のところで、ぐるりと回るのも楽しみだったようです。セッションの中ではいろいろなことがあっても、最後の挨拶で1人ひとりがコセラピストと100％肯定的な気持ちで触れ合うということを大切にしました。子供たちは、この曲を歌うたびに、自分はこのグループの大切なメンバーなんだという絆を1回1回確認していたようです。

◎人数　特に制限なし。個人セッションでも可能。大人数であれば、「さようならみなさん」の歌詞にすればよい。セラピストは、できればピアノを弾く人と子供に向き合う人の2人がいたほうがよい。

◎必要な楽器　特になし

◎活動の目的
・セッションの終わりを意識し、次回への期待につなげる。
・子供がセラピストとの個別的な関係を存分に楽しみ、肯定的な気持ちでセッションを終わる。

◎留意点
・前奏を適宜工夫して、その子供の準備ができるまで、迎え入れる雰囲気を持続すること。
・柔らかい声や受容的な笑顔、暖かい気持ちなどを大切に演奏し歌うこと。

◎活動の進めかた
　活動が終わりであることを言葉や雰囲気でしっかり伝えてから始める。そうすることで子供は「あ、あの手をつないでもらえる〈さようなら〉だ」と期待し、心の準備ができる。子供の名前を呼んで立ってもらい、両手をしっかりつないで揺れながら歌う。場にいるスタッフは皆で歌うと暖かい雰囲気になる。なるべく目を合わせ、笑顔で、多少のユーモアもこめて「ダンス」する。自閉傾向などで目が合わない子供でも、両手を通して関係を保つことができるし、子供が多少興奮して悪ふざけをする時も、手をしっかりつないでいればそれを受け入れながら動きに吸収していくことができる。
　最後の小節では両手のまま、あるいは片手になって子供をくるくる回す。身体障害などで立てない子供の場合は、抱き上げて揺らし、最後にセラピスト自身がくるくると回る。

さようなら （© 生野里花）

♩=90くらい．流れるように．明るく

さ よ う な ら ｛○○/みな｝ さん　きょう は これ で お し ま い また

あ い ま しょ う　そ の と き を た の し み に

（繰り返す場合）

活動のおわりに

『さよならバイバイ』　水野明子（作詞・作曲）・生野里花（編曲）

◎曲の成り立ち
　流れるような優しい曲調の中で、子供の名前と2つの言葉「さよなら」と「バイバイ」だけを主に歌い続ける歌です。ここには、メッセージをシンプルにすることで、まだこういった言葉がうまく使えない子供にもしっかり受けとってもらいたいということ、さらに、そういった子供でも歌に乗ることで気持ちが「さよなら」というコミュニケーションを始めようとし、どこかで似た発音をするかもしれないという期待が込められており、それがどこで出てきても受けとれるような歌でありたい、という意図がありました。

◎人数　何人でも可能。個別に名前を呼ぶ場合は、順番が回ってくる範囲の人数がよい。

◎必要な楽器　特になし

◎活動の目的
・活動の終わりを意識する。
・「さようなら」「バイバイ」の挨拶を意識する、あるいは発音する。
・仲間の存在を意識する。
・自己尊重を高め、明るい気持ちで活動を後にする。

◎留意点
・明るく優しい、包みこむような声の感じで歌う。
・視線を合わせたり身体に触れたりしながら、暖かいコミュニケーションをとる。

◎活動の進めかた
　個々の子供と順番に歌える（「さよなら、〇〇ちゃん」）人数であれば、座っている子供の前にセラピストも座り、同じ視線の高さで両手をつないで歌う。全員で行なう（「さよなら、みなさん」）場合は、全員で手をつなぐ。
　後半の挨拶のところでは、セラピストがマイク状のもの、あるいはマイクを持つ形にした手を、自分と子供に交互に向けながら発音を促す。全員で行なっている場合は、あちこちの子供をランダムに指したり、2つの「マイク」を別のところにいる2人に差し出したりすると、面白くなる。
　すぐに発音できる子供ばかりとは限らないので、ピアノを弾いているセラピストや他のスタッフは、子供側が発音する部分を一緒に歌っているとよい。最後の「さよなら」の二重唱は、下声部をメインで歌っているセラピストが、上声部を他のスタッフが歌う。

さよならバイバイ (© 水野明子・生野里花)

活動のおわりに

(バイ バイ) (バイ バイ) (さ よ な ら)
バイ バイ バイ さ よ な ら バイ

(バイ バイ) (バイ バイ) (バイ バイ)
バイ バイ バイ バイ バイ さ よ な ら
(繰り返す場合)

『さよなら』　臼井裕美子（作詞・作曲）

◎曲の成り立ち

　ある5人の子供のグループを担当していた時のことです。子供たちは、なかなか座れない子、たくさんお喋りしていたい子……と様々で、言語の理解・表出、行動の様子に大きな隔たりがありました。そのグループで全体で1つの活動を共有することが、私にはとても難しく感じられていました。

　そんな時、家に帰る道すがら、私は自転車をこぎながら、一心にそのグループのことを考えていました。子供たち1人1人のことを思い浮かべたり、グループ全体をイメージしたりしながら自転車を走らせているうちに、この曲のメロディが浮かびました。それが、ずっと忘れられないものになりました。

　次のセッションの日、活動の終わりが近づき、最後にみんなで1つのことをしたいと思いましたが、なかなか落ちついて集まれません。そこで私は、子供たちにトーンチャイムを手渡し、ピアノでこの曲を弾き始めました。すると、ピアノを核に、トーンチャイムの音色が響き、子供たちが、部屋中が、1つになれたような雰囲気になりました。そして、全員が自然にピアノの近くに集まることができました。

　その瞬間まで、きちんとした歌詞は決まっていなかったのですが、子供たちに歌いかけた時、自然に「鐘を鳴らそう、さよならしましょう。さよならみなさん、また会いましょう。バイバイ……」という歌詞が口をついて出てきました。子供たちもすぐに覚えて一緒に歌ってくれました。

　後に、歌詞を少し変えて、「さよなら」の曲として、いろいろな年齢、対象、人数のセッションでもこの曲を使うようになりました。

◎人数　対象者のニーズに応じて、1人から数人

◎活動の目的
　　・他の人や自分の出す音、声、音楽を聴く。また、自発的な発声〜歌唱。
　　・音源に注目する。また、手指の微細な操作。
　　・活動の終了をわかる。

◎活動の進めかた

1）歌唱、発声を目的とした場合
・手をつなぎ、輪になって歩きながら歌う。または、座ったまま歌う。
・全員で歌いながら、1人1人と挨拶する（握手、おじぎ動作、手振りなど）。
・全員で歌いながら、リーダーが適宜にツリーチャイムを差し出す。

2）手指の操作、集中を目的とした場合
・待つことができるメンバー／人数であれば、ツリーチャイムをソロで演奏する。演奏に合わせて、リーダーまたはピアニストが歌いかける。
・人数が多い時は、全体で歌いながら、リーダーが全体にツリーチャイムを差し出す。

さよなら （©臼井裕美子）

場合によってツリーチャイムを適宜使用

Andante

さ よ な ら ｛み なーさん／○ ○ さん｝ ｛ま た あ う ひ ま で／さ よ な ら △ △ さん｝

さ よ な ら ｛み なーさん／○ ○ さん｝ ｛ま た あ う ひ ま で／さ よ な ら △ △ さん｝

◎必要な楽器
1）の場合はなくてもよい。
2）の場合はツリーチャイムなど、魅力的で、手で軽く振れるだけで音が出る楽器。

◎留意点
・ツリーチャイムを提示する時、楽器の音と操作に注目できるように配慮する。例えば、楽器が近くに来るとすぐバーをつかんで放せないような人の場合には、提示する位置（距離、高さ）、タイミングなどを工夫する。
・歌に参加しやすく配慮する。応答フレーズの歌詞は、「また会いましょう」、「ラララララ……」など、メンバーにとってわかりやすく歌いやすい言葉にする。必要に応じて、曲全体の音も低く移調する。

バーイ バーイ {バーイ バーイ / ○○ さん} バーイ バーイ {バイ バイ バイ / △ △ さん}

バーイ バーイ バーイ バーイ バーイ バーイ バイ バイ バイ

活動のおわりに

● 作曲者紹介（50音順）

生野里花（いくの りか）
米国音楽療法協会・日本音楽療法学会認定音楽療法士、同学会評議員。東海大学講師、野花ひととおんがく研究舎主宰。著書『音楽療法士のしごと』、訳書『歌の翼に：緩和ケアの音楽療法』（サーモン）『音楽療法を定義する』（ブルシア）他。

臼井裕美子（うすい ゆみこ）
日本音楽療法学会認定音楽療法士。国立音楽大学教育音楽学科（Ⅱ類）卒。知的障害を持つ児童・成人に対するピアノ指導・音楽教育・音楽療法に従事。

岸　加代子（きし かよこ）
日本音楽療法学会認定音楽療法士。武蔵野音楽大学音楽教育学科ピアノ科卒業。障害児・者を対象に、知的障害者施設等で、音楽療法を実践。

小柳玲子（こやなぎ れいこ）
日本音楽療法学会認定音楽療法士。調布市社会福祉協議会他、横浜市内において障害児を対象に音楽療法を実践。

鈴木祐仁（すずき ゆうじ）
日本音楽療法学会認定音楽療法士。障害児・者を対象に、施設、ＮＰＯなどで音楽療法を実践。

高橋友子（たかはし ともこ）
大阪音楽大学ピアノ科卒業。音楽療法を山松質文氏、生野里花氏に学ぶ。障害児を対象に音楽療法を実践。保育園で音楽指導。

千川（宮内）友子（ちかわ［みやうち］ゆうこ）
アメリカ音楽療法協会・全日本音楽療法連盟認定音楽療法士。ミシガン州立大学音楽療法学科卒業。調布市社会福祉協議会などで障害児を対象とした音楽療法を実践。

中馬千晶（ちゅうま ちあき）
施設、教育機関等で障害を持つ児童・成人の音楽療法を実践。96年からシドニーにおいて研修、実践を続ける。ノードフ・ロビンズ・グラデュエイトディプロマ取得。

中山晶世（なかやま あきよ）
日本音楽療法学会認定音楽療法士。知的障害児・者、身体障害児・者、視覚障害者を対象に音楽療法を実践。上野学園大学短期大学部専任講師。共著『音楽療法士のためのABA入門』。

二俣　泉（ふたまた いずみ）
日本音楽療法学会認定音楽療法士。知的障害児を対象に音楽療法を実践。昭和音楽大学准教授。著書『音楽療法の設計図』『音楽療法３つのオキテ』、共著『標準音楽療法入門・下』『音楽療法士のための ABA 入門』

水野明子（みずの あきこ）
東邦音楽大学声楽科卒。ニューヨーク大学ノードフ・ロビンズ・クリニックにて研修。発達障害児・者を対象に音楽療法を実践していた。現在は音楽／音楽療法活動は休止している。

吉井あづさ（よしい あづさ）
国立音楽大学音楽学部教育音楽学科（Ⅱ類）卒業。大田区立生活実習所、足立区東部障害福祉センターで音楽講師を務める。日本臨床心理研究所で研修。現在は自宅でピアノ教師。

吉村奈保子（よしむら なほこ）
日本音楽療法学会認定音楽療法士。国立音楽大学ピアノ科卒業。公立小学校併設「特殊学級」音楽療法講師。救護施設などで音楽療法を実践。教育機関での実習指導。専門領域は知的障害児・者。

薫ロビンズ（Kaoru Robbins）
ニューヨーク大学ノードフ・ロビンズ音楽療法センター所属。長年、障害児・者を対象とした実践を行う。ノードフ・ロビンズ上級資格を持つ。共訳書『障害児教育におけるグループ音楽療法』（P. ノードフ＆ C. ロビンズ著）

装幀＝本田　進
装画＝なかじま　まり
本文イラスト＝成田友美（129頁）
　　　　　　　岸　加代子（144頁）
図版制作＝大友　洋

音楽療法のためのオリジナル曲集
静かな森の大きな木

2001年10月30日　初版第1刷発行
2024年2月25日　　第15刷発行

編　集＝生野里花・二俣　泉
著　者＝生野里花・臼井裕美子・岸加代子・小柳玲子・鈴木祐仁・
　　　　高橋友子・千川友子・中馬千晶・中山晶世・二俣泉・
　　　　水野明子・吉井あづさ・吉村奈保子・薫ロビンズ
発行者＝小林公二
発行所＝株式会社　春秋社
　　　　〒101-0021 東京都千代田区外神田 2-18-6
　　　　電話　（03）3255-9611（営業）・（03）3255-9614（編集）
　　　　振替　00180-6-24861
　　　　https://www.shunjusha.co.jp/
印刷・製本＝萩原印刷株式会社
楽譜浄書＝(有)ミュージック・クリエイト・スコア

© 2001 Printed in Japan　　　　　　　　ISBN 978-4-393-93455-5 C0073
定価は表紙等に表示してあります

春秋社

日野原重明 監修 篠田知璋・加藤美知子（編集）	**標準 音楽療法入門** （上）理論編　（下）実践編	（上）3080円 （下）3520円	音楽療法士志望者に必須の医学的知識と音楽テクニックを網羅した、音楽療法の初めてのスタンダード・テキスト。[上]＝音楽療法の歴史と理論、音楽心理学、医学的知識（心身症、精神疾患など）。[下]＝児童・成人の音楽療法、音楽療法テクニック、受容的音楽療法、記録と評価、倫理。執筆者＝松井紀和、栗林文雄、村井靖児、土野研治、二俣泉、生野里花ほか。日本音楽療法学会 推薦
中島恵子・山下恵子	**音と人をつなぐ コ・ミュージックセラピー**	2640円	聴く、見る、触る、動く、踊る、描く、伝える。音や音楽を多感覚に感じ、表現する、画期的な音楽療法モデルの理念を豊富な事例と共に解説。生涯にわたる人の発達を目指して。
作田亮一 監修／二俣泉・鈴木涼子	**音楽で育てよう** 子どものコミュニケーション・スキル	2310円	音声言語未獲得から6歳相当の発達水準までの発達障害の子供が対象。「気づく」「眼差しの共有」等5項目に分け、42の音楽活動を紹介。設定・手順・指導者の役割、注意点等。
R.M. シェーファー・今田匡彦	**音さがしの本〈増補版〉** リトル・サウンド・エデュケーション	1980円	音風景の提唱者による子ども向けワークブック。身近な日常の音・自然の音に耳を澄まし、柔らかで優しい感性を取り戻す。シェーファーの最新エッセイとワーク実践例を増補。
土野研治	**障害児の音楽療法** 声・身体・コミュニケーション	2640円	障害児を対象とした音楽療法を知る最適の入門書。音楽療法の定義、代表的な技法の特色、楽器・声・身体運動、セッションの手順、特別支援教育の音楽など。日野原重明氏推薦。
鈴木祐仁（編集）	**だれかの音がする** 音楽療法のためのオリジナル曲集	2420円	音楽療法のオリジナル活動集第2集。発達障害・精神障害を主な対象にした、計68曲（作曲者18名）を紹介。曲の成り立ち、活動の手順、応用方法など実践的な解説と楽譜。
K.エイゲン／鈴木琴栄・鈴木大裕（訳）	**音楽中心音楽療法**	3850円	近年台頭してきたコミュニティ音楽療法論に対し、音楽そのものに臨床の力を見出す、伝統的かつ最先端の音楽療法理論。その代表的著作。
羽石英里	**パーキンソン病のための 歌による発声リハビリテーション**	2530円	パーキンソン病は発声困難・コミュニケーション障害を伴う難病。「歌」で発声・構音のリハビリを行う注目の新メソッドを、家族・支援者にもわかりやすく実践的に紹介する。
デボラ・サーモン／生野里花（監訳）	【DVDブック】 **歌の翼に**　緩和ケアの音楽療法	6600円	緩和ケア／ホスピスの音楽療法士の活動を記録した貴重なドキュメンタリー（43分）。死に臨む患者と家族に相対し、音楽は何を語るのか。日本語版独自の詳細な解説＋論考付。
土野研治	**心ひらくピアノ〈増補版〉** 自閉症児と音楽療法士との14年	2420円	自閉症と呼ばれた少年のピアノ・レッスンを続けて14年。さまざまな困難に立ち向かい、やがてステージで演奏するまでに成長していく一人の少年と音楽療法士の感動の物語。
加勢園子・S.パップ	【DVDブック】 **スウェーデンのFMT脳機能回復促進音楽療法**	3080円	ADHDや読み書き困難の児童に有効とされ北欧で普及するFMT初の入門書。音楽を使った動作療法とも呼ばれる独特のメソッドをセッション記録のDVD（46分）と共に紹介。

価格は税込(10%)。